In der Ruhe liegt die Kraft

Wie Sie Kinder ohne Schimpfen und Schreien liebevoll erziehen und für einen entspannten Alltag sorgen

Tanja Engel

CONTENT CREATOR Verlag

Tanja Engel

In der Ruhe liegt die Kraft

Wie Sie Kinder ohne Schimpfen und Schreien liebevoll erziehen und für einen entspannten Alltag sorgen

CONTENT CREATOR Verlag

Impressum
Deutschsprachige Erstausgabe August 2021

Tanja Engel wird vertreten durch Yannick Maar

Content Creator Verlag
Yannick Maar
Mühlenstr. 26
41812 Erkelenz

Covergestaltung und Satz: Wolkenart - Marie-Katharina Becker, www.wolkenart.com
Korrektorat und Lektorat: Holger Bergmann

2. Auflage

Ebook: 978-3-949931-05-5
Taschenbuch: 978-3-949931-04-8

Inhaltsverzeichnis

Einleitung

So, wie wir unsere Kinder heute behandeln, lieben, erziehen und unterstützen hat das über die Jahrhunderte hinweg praktisch niemand getan.

Über eine lange Zeit waren Kinder schon ab etwa sieben Jahren Vollmitglieder der Gesellschaft: Sie mussten arbeiten oder getrennt von ihren Eltern leben. [i] Als Maria Montessori zu Beginn des 20. Jahrhunderts verkündete: „Kinder sind anders!“ (als Erwachsene – und anders als das Bild von ihnen) war Kinderarbeit auf der ganzen Welt weit verbreitet und bleibt es bis heute. Körperliche Gewalt, demütigende Strafen und Liebesentzug gehörten noch Jahrzehnte nach Montessoris bahnbrechendem Erstlingswerk zum Erziehungsalltag. Doch das hat sich in den vergangenen 50 Jahren zumindest in Mitteleuropa massiv verändert.

Unsere Kinder werden im Verhältnis 1:3 in liebevoll geführten Kindertagesstätten betreut; sie haben praktisch ab der Geburt eigene Zimmer, die mit sorgsam ausgewählten Möbeln und Spielsachen ausgestattet sind; sie nehmen regen Anteil am Familienleben, dürfen eigene Entscheidungen treffen und ihre Eltern offen kritisieren; sie sind von vielen Pflichten entbunden und dürfen doch auf stabile Unterstützung von ihren Bezugspersonen hoffen; sie können aus zahllosen Freizeitbeschäftigungen auswählen und diese verfolgen oder fallenlassen, wie es ihnen gefällt; sie werden auch über die Volljährigkeit hinaus begleitet, beschützt und unterstützt.

Aber nicht alles daran entspricht den Bedürfnissen von Kindern wirklich; nicht alles ist zielführend und schon gar nicht notwendig. Zeitgenössische Eltern sind oft extrem bemüht darum, ihren Kindern alles zu bieten, was diese zu einem angenehmen und schönen Leben brauchen. Dabei sind sie selbst oft enorm überfordert von den finanziellen Anforderungen dieses Anspruchs und von einem zunehmend anstrengenden Berufsleben, das viele Mütter und Väter in Vollzeit beansprucht. Im Familienalltag wünschen sie sich dann oft mehr Unterstützung, mehr Harmonie, mehr Ruhe als die Realität hergibt. Aus dieser Diskrepanz erwächst oft Ärger und schon fängt man an zu nörgeln, zu verurteilen, Vorwürfe zu machen und zu schimpfen.

Absolut niemand ist davor gefeit, wie ich aus meiner eigenen Erfahrung als Mutter berichten kann.

Als studierte Erziehungswissenschaftlerin wusste ich stets genau, dass schimpfen kontraproduktiv war, der Bindung und dem Selbstwertgefühl meines Kindes schaden konnte und mir außerdem selbst nicht guttat – und ich kannte auch die Gründe dafür. Aber dieses theoretische Wissen half mir nur bis zu einem gewissen Grad. Es machte mich nicht automatisch zu einer besseren Mutter. Es half mir, die Fähigkeiten und das Innenleben meines Kindes besser einzuschätzen und zugleich meine eigenen Gefühle und Gedanken besser zu verstehen. Eine ebenso große Hilfe waren die Techniken und Einsichten, die ich als junge Frau von meiner Psychotherapeutin übernommen hatte. Viele meiner eigenen inneren Konflikte und Verletzungen habe ich erst verstehen gelernt, als ich selbst Mutter war und die ganze Geschichte sozusagen „aus der anderen Perspektive" betrachten konnte. Mir wurde klar: Eltern sein ist unheimlich schwierig. Aber auch diese Einsicht allein änderte nichts daran, dass ich mit meinem Kind schimpfte. Und die Vorwürfe, die ich mir machte, wenn ich wieder einmal zu scharf reagiert oder die Kontrolle verloren hatte, halfen mir übrigens nicht im Mindesten weiter.

Sie kennen bestimmt die Situationen, in den Sie zum Schimpfen neigen und vermutlich geht es Ihnen ähnlich wie mir: Sie schimpfen, wenn Sie sich überfordert und überwältigt fühlen; wenn der getaktete Alltag aus den Fugen gerät und Sie meinen, alles würde auseinanderfallen. Vielleicht schimpfen Sie, wie ich, weil Sie die Hauptlast der Erziehung tragen und nach Tagen und Wochen der ununterbrochenen Kinderbetreuung keine Energie mehr haben. Und womöglich merken Sie manchmal in Stresssituationen, wie Sie instinktiv laut werden und gar nicht wissen, was Sie jetzt eigentlich so fuchtig macht. Die Schuldgefühle, die mit impulsivem Schimpfen einhergehen, rauben Ihnen dann vielleicht noch mehr Energie.

Nicht selten habe ich, wenn mein Kind (endlich) in seinen Mittagsschlaf versunken war, den Kopf hängen gelassen und mich als Versagerin gefühlt. Dabei bewahrheitet sich genau in den Momenten, in denen wir die Fassung verlieren und uns alles über den Kopf wächst, was die Eltern-Redakteurin Nora Imlau gerne wiederholt: Kinder sind die Therapie, zu der wir uns nie angemeldet haben.

Denn in jeder dieser so herausfordernden und oft für uns selbst verletzenden Situationen steckt auch eine Gelegenheit:

- zum Innehalten
- mit dem Kind in Kontakt zu kommen, das wir einmal waren
- tiefen Verletzungen aus der eigenen Vergangenheit auf die Spur zu kommen
- sich bei seinem Kind zu entschuldigen
- zu erfahren, dass diese wunderbare Beziehung auch Fehler aushalten kann
- zu einer neuen Verbundenheit mit dem eigenen Kind zu finden

Im stressigen Alltag zwischen Kinderbetreuung, Haushalt, Job und Freizeit haben die meisten Eltern immer wieder das Gefühl, es würde hier nur ums „Überleben" gehen: Ich muss nur noch die Nerven behalten, bis ich mein Kind ins Bett stecken kann. Bis zum Urlaub muss ich noch die Zähne zusammenbeißen.

Der Hirnforscher Daniel J. Siegel nennt solche Zeiten „survive"-Situationen [ii]: Wir wollen das jetzt einfach irgendwie überstehen, ohne dass alles in eine Katastrophe ausartet. In besonders schwierigen Phasen mit unseren Kindern und uns selbst kann sich jeder Tag so anfühlen. Aber es reicht nicht aus, mit unseren Kindern gemeinsam zu überleben – das ist jedenfalls unser Anspruch. Wir möchten auch, dass unsere Kinder als Individuen und wir als Familie gedeihen und aufblühen (auf Englisch „to thrive"). Dazu stellen wir uns gerne Lebensumstände vor, die von Ruhe, einer intensiven Gemeinschaftlichkeit, von Spaß und Freude und gemeinsamen Erlebnissen geprägt sind. Aber realistischerweise lebt fast niemand in solchen Umständen. Stattdessen sind Eltern von den Anforderungen an sie selbst oft schon überfordert und sollen dann auch noch Vorbild, sicherer Hafen, Vertrauensperson und Entertainer für Ihre Kinder sein.

Wir würden uns also wünschen, dass die survive-Situationen nicht das Gesamtbild unserer Erziehung ausmachen, sondern dass es vor allem die thrive-Momente sind, die unser Zusammensein prägen.

Siegel rät nun aber dazu, genau diese schwierigen Momente als die Substanz unseres Familienlebens zu betrachten und sie deshalb auch als Gelegenheiten für „thriving", für Entfaltung und Wachstum zu sehen. [iii] In solchen herausfordernden Zeiten können wir sehr viel über uns selbst, über das Menschsein und über unsere Kinder erfahren. Aber das funktioniert nicht einfach so. Wir benötigen dazu das richtige Handwerkszeug und außerdem reichlich Motivation, Zeit und Ruhe.

Motiviert sind Sie schon, denn sonst hätten Sie nicht – aus dem Wunsch heraus, etwas zu verändern – zu diesem Buch gegriffen. Zeit und Ruhe müssen Sie sich schaffen, so gut es eben gelingt. Das Handwerkszeug möchte ich Ihnen hiermit liefern: In Form von bewährten Methoden aus der Gewaltfreien Kommunikation, dem Erziehungsansatz RIE® („Resources for Infant Educarers") und Achtsamkeitsübungen aus therapeutischen und spirituellen Praktiken, die ich allesamt selbst ausprobiert und für wertvoll befunden habe.

I. Gewaltfreie Kommunikation mit Kindern: Hintergründe und Ideen

1. Was ist Gewaltfreie Kommunikation?

Wenn sich das Ideal einer „Erziehung ohne Schimpfen“ für Sie richtig anfühlt und Sie sich an die Umsetzung machen, begeben Sie sich auf einen ganz individuellen Weg. Für jede Mutter, jeden Vater, jede Bezugsperson und jede Familie ist dieser Prozess anders und er ist auch in sich äußerst wechselhaft. Allerdings gibt es einen großen Erfahrungsschatz von Eltern auf der ganzen Welt, auf den Sie zurückgreifen können. Und es gibt bewährte Methoden und Wege, um konfliktive Beziehungen in liebevolle und harmonische Verhältnisse zu verwandeln. Einer der am besten bewährten Möglichkeiten, vom Konflikt zur Verbundenheit zu finden (zwischen Ehepartnern, Eltern und Kindern, Parteien vor Gericht und sogar kriegsführenden Völkern) ist die Gewaltfreie Kommunikation (GFK, auf Englisch *Non-Violent Communication*, kurz NVC) nach Marshall B. Rosenberg. Seit er dieses Ideengerüst Anfang der 1960er Jahre entwickelte, hat es sich zu einer weltweit genutzten Methode des Brückenbauens entwickelt und wird heute in vielen Bildungseinrichtungen in Form von Seminaren oder Kursen gelehrt. Der Erfolg dieser Methode, die eigentlich ein ganz besonderes Menschenbild ist, beruht zu einem Gutteil auf den charismatischen und humorvollen Auftritten von Rosenberg und auf seiner klaren Ausdrucksweise. Doch trotz der Bekanntheit des Begriffs sind viele Irrtümer rund um die Gewaltfreie Kommunikation im Umlauf:

Gewaltfreie Kommunikation ist eine ganz spezielle Art zu sprechen

Auf der praktischen Ebene stimmt das durchaus und die Einübung der Gewaltfreien Kommunikation bedarf eines bestimmten Vokabulars, das wir sonst womöglich kaum benützen würden. Allerdings besteht Rosenberg selbst darauf, dass er keineswegs eine neue Form des Sprechens erfunden hat, sondern stattdessen auf etwas zutiefst Menschliches rekurriert. [iv] Und überhaupt meint er, die Gewaltfreie Kommunikation sei „mehr als ein Prozeß oder eine Sprache. Auf einer tieferen Ebene ist sie eine ständige Mahnung, unsere Aufmerksamkeit in eine Richtung zu lenken, in der die Wahrscheinlichkeit steigt, daß wir das bekommen, wonach wir suchen.“ [v]

Im Innersten kann man die Gewaltfreie Kommunikation sowohl als Menschenbild als auch als umfassende Lebenspraxis betrachten – und insofern ist sie in der Lage, menschliche Beziehungen recht radikal zu verändern. Im Kern besteht diese Veränderung darin, dass der Fokus in unseren sozialen Interaktionen auf der gegenseitigen Achtung von Bedürfnissen beruht anstatt auf dem Anspruch, im Recht zu sein. Reduziert auf die Methodik und auf die Form, in der kommuniziert werden soll, kann die Gewaltfreie Kommunikation auch missbraucht werden und paradoxerweise Dominanz und Machtmissbrauch überdecken.

„Gewaltfrei“ meint eine Sprache, die nicht „gewalttätig“ ist

Vermutlich kommt es in Ihrer Familie nur selten vor, dass auf gewalttätige Weise miteinander kommuniziert wird. Die meisten Menschen verstehen darunter eine Kommunikationsform, in der mit sehr abwertenden Begriffen, Schimpfwörtern, harschen Urteilen oder Drohungen hantiert wird. Aber auch wenn wir nicht unbedingt auf so drastische Art und Weise miteinander sprechen, „führen unsere Worte oft zu Verletzung und Leid“ [vi]. Oft merken wir, dass auch leises Nörgeln, ein schnell geäußertes Urteil oder unbedachte Kritik den Beziehungen zu den wichtigsten Menschen in unserem Leben schaden. Und das führt ganz unweigerlich zu Leid auf beiden Seiten, auch wenn das nicht unsere Absicht ist. Die Gewaltfreie Kommunikation möchte sich von all diesen Formen der Kommunikation distanzieren und als Gegenmodell eine „Sprache der Einfühlsamkeit“ etablieren, die weder die Sprecherin/den Sprecher noch die/den Angesprochene/n abwertet und verletzt. Marshall B. Rosenberg verwendete bei Seminaren und Vorträgen gerne zwei Handpuppen, um den Unterschied zu veranschaulichen: eine Giraffe und einen Schakal (in den deutschen Übersetzungen ist es zumeist ein Wolf). Die Giraffe beherrscht die einfühlsame und aufrichtige Bedürfnissprache, während der Schakal stets unabsichtlich und auf unglückliche Weise sein Ziel verfehlt und statt Nähe Distanz zum Gegenüber schafft. Dabei muss er noch nicht einmal abwertend oder gemein sein – es reicht, dass er nicht gut über seine Gefühle und Bedürfnisse sprechen kann. Sie finden eine ganze Reihe dieser humorvollen Dialoge auf YouTube.

Gewaltfreie Kommunikation macht vor allem im beruflichen Kontext und in Bildungseinrichtungen Sinn

Rosenberg hat im Laufe seines Lebens viele Schulen und auch Unternehmen beraten und die Gewaltfreie Kommunikation hat sich für sehr viele LehrerInnen, aber auch ÄrztInnen, SozialarbeiterInnen, ManagerInnen etc. als hilfreich herausgestellt. Er hat aber genauso Seminare für PolizistInnen und Gangmitglieder, für Israelis und PalästinenserInnen, und eben auch für Familien abgehalten. Im familiären Kontext scheint die Gewaltfreie Kommunikation besonders sinnvoll und wichtig zu sein, denn der private Raum ist der, in dem die Erfüllung unserer grundlegenden Bedürfnisse unbedingt gewährleistet sein muss. Wenn eine Kundin in der Arbeit oder eine fremde Person in der Straßenbahn respektlos mit uns umgeht, können wir im Idealfall gelassen darüber hinwegsehen, aber in unseren intimsten und tiefsten Beziehungen ist das nicht so einfach möglich. Das mag auch der Grund sein, weshalb das einfühlsame Kommunizieren mit Familienmitgliedern uns so besonders schwerfällt: Reagieren sie mit Ablehnung oder Unverständnis darauf, tut das weh und kann sogar eine existenzielle Bedrohung darstellen (das gilt übrigens in besonderem Maße für Kinder).

Wir können also festhalten: Die Gewaltfreie Kommunikation bezeichnet einen bestimmten Wahrnehmungsfokus in sozialen Situationen, der eine veränderte, bedürfnisorientierte Art des Sprechens hervorbringt. Diese Art zu sprechen ist nicht nur „nicht gewalttätig“, sondern von Aufrichtigkeit, Einfühlsamkeit und Respekt geprägt. Sie kann im beruflichen, politischen und privaten Kontext zum Klären von Konflikten und zu einem im eigentlichen Sinne friedlichen Zusammenleben beitragen.

2. Den Fokus verlagern: Rosenberg und seine Giraffe

Eine Gegenüberstellung der „Giraffen-" und der „Schakalssprache", wie sie Marshall B. Rosenberg mit seinen Handpuppen populär gemacht hat, zeigt, wie sehr die Sprache im westlich geprägten Kulturkreis auf statische Eigenschaften und Urteile konzentriert ist. Diese Art zu sprechen stammt zu einem Gutteil aus dem Rationalismus und der Aufklärung. Im Kontext von Wissenschaft und Forschung mag sie durchaus ihre Berechtigung haben. Wenn wir aber über soziale Sachverhalte, über Konflikte und über die Herausforderungen des Zusammenlebens mit anderen Menschen sprechen, verschleiert diese „statische" Sprache mehr als sie offenbart. Denn in diesem „Sprachspiel", das sich nicht auf Sachverhalte, sondern auf Werte bezieht, sind Urteile oft fehl am Platz. Werte, Bedürfnisse und Gefühle sind Teil unseres subjektiven Erlebens und einer intersubjektiven Welt, die wir gemeinsam gestalten. Sie sind aber nicht objektiv im Sinne von „wahr" oder „falsch" und letztlich auch nicht moralisch, also „gut" oder „böse". Gut und Böse haben in unserer Wahrnehmung oft ontologischen Charakter, so als würden sie so real existieren wie Personen oder Tische. Dabei sind sie sehr komplexe Kategorien, die sowohl kulturabhängig als auch wandelbar sind. Zudem erweisen sie sich oft als wenig hilfreich, wenn es darum geht, das Verhalten und Empfinden von anderen zu verstehen. Wir kommunizieren schlussendlich mit unseren Mitmenschen, weil es uns ein Wert ist, mit ihnen verbunden zu sein und mit ihnen zu kooperieren. Und doch äußern wir unsere Bedürfnisse oft auf eine Weise, die als Kritik, harsches Urteil oder Ablehnung beim Gegenüber ankommt. Anstatt zu benennen, was uns abgeht und wie wir es bekommen könnten, benennen wir, was der oder die andere falsch macht. Marshall B. Rosenberg hatte eine gewisse Begabung darin, die Vergeblichkeit und die paradoxen Folgen unserer „normalen", anklagenden und urteilenden Kommunikation aufzudecken. Seine Beispiele zeigen mitunter sehr anschaulich, wie häufig Menschen sich nach Nähe und Verständnis sehnen und diese Bedürfnisse auf eine Weise äußern, die eher das Gegenteil bewirken. Die folgenden Formen der Kommunikation hat Rosenberg als die destruktivsten für unsere Beziehungen identifiziert [vii]:

a. Moralische Urteile fällen: Sprechen über und mit anderen Menschen, die diese in die Kategorie „schlecht – böse – gemein" verbannt, verhindert vom ersten Moment an eine verbindende Kommunikation. Der/die Angesprochene fühlt sich zu Recht kritisiert und angegriffen und wird sich keinesfalls öffnen oder auf die Bedürfnisse anderer einlassen wollen. Der Sprecher/die Sprecherin verhindert aber etwas noch Grundlegenderes bei sich selbst: Das Vertrauen in eine geteilte Menschlichkeit, in der auch Verhaltensweisen Platz haben, die man selbst als unsympathisch, falsch oder nervig erachtet. Wo ein Urteil vorsichtig formuliert oder sogar ganz ausgespart wird, öffnet sich ein Raum, in dem jegliches Verhalten als Ausdruck eines – vielleicht ganz radikal – unerfüllten Bedürfnisses verstanden werden kann. In Kapitel 2 (Bedürfnisse von Kindern) werden wir kurz darauf eingehen, welche unerfüllten Bedürfnisse sich als problematisches Verhalten äußern können und welche Wege es gibt, diese Dynamik nachzuvollziehen.

b. Vergleiche anstellen: Auch der Vergleich ist eine etwas komplexere Art des Urteils, nach dem Muster: XY ist eine gute/schöne/erfolgreiche/intelligente/... Person. Man soll gut/schön/erfolgreich/intelligent/... sein. Ich bin deutlich weniger gut/schön/erfolgreich/intelligent/... als XY. Also bin ich nicht genug und das ist mein eigener Fehler.

   Egal ob man sich selbst oder eine andere Person so behandelt, die Folge sind fast immer negative Gefühle wie Frustration, Wut oder Hoffnungslosigkeit. Besonders perfide ist es übrigens, wenn Eltern ihre Kinder mit anderen vergleichen und ihnen so vermitteln, dass sie liebenswerter wären, wären sie nur etwas anders.

c. Verantwortung leugnen: Wenn wir uns über feste Gegebenheiten und Sachzwänge in unserem Leben ärgern, schieben wir gerne die Verantwortung anderen dazu. Ein Vater fühlt sich vielleicht überarbeitet, weil er findet, die übrigen Familienmitglieder würden ihm zu wenig helfen und alle Arbeit würde an ihm hängen bleiben. Damit mag er sogar recht haben, aber es ist trotzdem seine Entscheidung, die ganze Arbeit alleine zu machen. Er kann die Verantwortung dafür nicht seiner Familie zuschieben. Seine Frau ist vielleicht frustriert, weil sie so viele Überstunden machen muss und schiebt die Verantwortung dafür ihrem Chef zu. Trotzdem ist es, meint Rosenberg, ihre Entscheidung, den Job weiterhin zu machen. Das klingt durchaus ein wenig zynisch, aber wer die Verantwortung für seine Probleme stets jemand anderem zuschiebt, verschleiert damit seine eigenen Bedürfnisse. Nichts von dem, was wir als Sachzwang betrachten, müssen wir tatsächlich tun. Es erfüllt lediglich unsere Bedürfnisse besser als die Alternative.

d. Anweisungen geben: Dieses Sprachspiel ist das liebste Kommunikationsmuster vieler Eltern – nicht unbedingt, weil sie sich gehorsame Kinder wünschen, sondern weil sie das Gefühl haben, das gehöre zu ihrer Rolle. Auch hier geht es im Kern um ein Wahrnehmungsproblem, auf das wir noch näher eingehen werden: Kinder werden häufig als an sich unkooperativ, schwierig, egoistisch und eigensinnig betrachtet. In Verbindung mit dem Machtgefälle zwischen den Erwachsenen und ihnen führt das oft dazu, dass mit Kindern besonders respektlos umgegangen wird. [viii] Tatsächlich rührt dieser häufig beobachtete Eigensinn eher von der unsensiblen Kommunikation der Erwachsenen her als aus dem Charakter des Kindes. [ix] Anweisungen und Befehle unterminieren die Autonomie des/der Angesprochenen, egal in welchem Alter. Zudem scheint in einer Anweisung immer schon eine Strafe zu dräuen, auch wenn nicht darüber geredet wird. Und zuletzt vermitteln Anweisungen, zumal von Eltern, oft auch: Wenn du tust, was ich sage, werde ich dich loben und dir meine Zuneigung zeigen. Wenn du es nicht tust, schimpfe ich und lehne dich ab.

Nun sollten nach Rosenberg diese verletzenden Formen der Kommunikation durch eine Bedürfnissprache ersetzt werden, in der statt Urteile Ich-Botschaften vorherrschen.

Der Vater aus dem obigen Beispiel in Punkt c) könnte in Schakalsprache in etwa so mit seinem Kind sprechen:

„Mir reicht es jetzt wirklich! Sag mal, siehst du, wie es hier aussieht? Aber ich bin natürlich der einzige, der hier irgendetwas tut, und alle anderen sitzen herum und lassen sich von vorne bis hinten bedienen. Und ich kann dann bis in die Nacht hinein aufräumen, denn irgendein Trottel muss es ja machen. Aber jetzt, marsch! An die Arbeit!"

Sie können hier Urteile, das Leugnen von Verantwortung und eine Anweisung ausmachen.

In Giraffensprache könnte der Vater sich aber folgendermaßen äußern und würde wahrscheinlich eher auf Kooperation stoßen:

„Es ist hier wirklich recht unordentlich. Das ärgert mich, weil ich es gerne ordentlich mag. Zugleich möchte ich mich am Abend noch ein bisschen erholen und keine Hausarbeit mehr machen. Könntest du bitte die Spielsachen hier im Wohnzimmer beiseite räumen?"

Im praktischen Teil dieses Ratgebers werden Sie noch viele Beispiele dafür finden, wie sich unsere gewohnte Kommunikation durch Gewaltfreie Kommunikation ersetzen lässt.

3. Wie Gewaltfreie Kommunikation in der Praxis funktioniert

Wenn Sie sich vor Augen führen, wie Rosenbergs Giraffe im Gegensatz zum Schakal im vorigen Beispiel über ihre Bedürfnisse spricht, können Sie vier Schritte in der Kommunikation ausmachen:

a. Die Beobachtung und Beschreibung eines konkreten Sachverhalts.
b. Das Benennen von Gefühlen, die wir damit verbinden.
c. Das Identifizieren des Bedürfnisses, das hinter diesen Gefühlen steht.
d. Das Benennen einer Handlung – meist als Bitte formuliert –, die unser Bedürfnis befriedigen könnte.

Dieses „Protokoll" ist sowohl die Basis als auch das Herzstück des Konzepts „Gewaltfreie Kommunikation".

Es gibt drei verschiedene Wege, dieses Kommunikationsmuster in der Praxis anzuwenden:

- Reflexiv als Selbstempathie: Diese Praxis hat zwar noch nichts mit Kommunikation im strengen Sinn zu tun, ist aber eine unheimlich wichtige Übung zum Einstieg und zur Vorbereitung von Gesprächen. Bevor Sie wissen, was Sie Ihrem Gegenüber mitteilen möchten, müssen Sie sich zuerst selbst darüber klar werden, was Sie sagen wollen. Selbstempathie ist immer eine Übung in Achtsamkeit und Aufrichtigkeit mit sich selbst – auch hier gilt es, Urteile, Vergleiche und das Leugnen von

Verantwortung zu vermeiden. Sie müssen sich Ihrer Bedürfnisse, Gefühle und Wünsche ganz klar sein und sie auch voll akzeptieren, um sie kommunizieren zu können.

- Im Äußern eigener Wünsche und Bedürfnisse: Wenn wir unseren Mitmenschen mitteilen möchten, was wir brauchen, tun wir das ebenfalls in den nun bekannten vier Schritten. Es müssen nicht nur problematische Gefühle und schwierige Sachverhalte sein, über die wir so sprechen. Gerade unseren Kindern gegenüber können wir auch positive Dinge benennen, einfach um uns ihnen mitzuteilen und zugleich ein Modell aufzuzeigen, auf dessen Basis sie selbst schöne Momente und Glücksgefühle benennen können.
- Beim Zuhören und Validieren der Äußerungen des Gegenübers: Das Zuhören im Sinne der Gewaltfreien Kommunikation ist bestimmt der schwierigste Teil der Praxis. Grundlegend ist eine sehr präsente und offene Haltung, die es uns ermöglicht, dem Gegenüber wirklich zuzuhören. Und dann braucht es auch ein wenig Erfahrung damit, wie vieldeutig und ungeschickt wie uns oft äußern, um benennen zu können, was sich unter der Oberfläche des Gesagten verbirgt. Das bedarf oft einer langen Kette an Bestätigungen, Nachfragen und dem Äußern von Verständnis. Eine kleine, für viele Eltern ganz alltägliche Situation könnte man mit gewaltlosem Zuhören etwa so lösen: Sie sagen Ihrem Kind, dass es jetzt Zeit ist, sich anzuziehen. Das Kind reagiert darauf mit Ärger, lauten Beschimpfungen und der Ankündigung: „Ich ziehe mich nie wieder an!"

  Hier können Sie einhaken und in vier Schritten die Situation beruhigen. Sie sagen etwa:

  „Ich sehe, dass du gerade in ein Spiel mit den Holztieren

vertieft bist. Du warst wohl ziemlich ärgerlich, weil ich dich unterbrochen habe. Ich glaube, du würdest gerne in Ruhe ein wenig weiterspielen. Möchtest du mit dem Anziehen noch 15 Minuten warten?“ So ist zwar noch keinesfalls sichergestellt, dass Ihr Kind sich auch wirklich in 15 Minuten anziehen wird, aber zumindest wird es sich ein wenig verstanden fühlen und ein Streit ist abgewendet.

Solche und ähnliche Situationen werden im Praxisteil detailliert durchgespielt und Sie werden mit vielfachen Handlungsmöglichkeiten ausgestattet werden, die der Gewaltfreien Kommunikation entsprechen und zugleich auf Ihre Rolle als Bezugsperson eines Kindes zugeschnitten sind.

4. Die theoretischen Hintergründe der Gewaltfreien Kommunikation

Die Lehre von der Gewaltfreien Kommunikation, die Marshall B. Rosenberg in seinen Büchern, Seminaren und Vorträgen vermittelt hat, soll augenscheinlich aus einem *Common Sense* der Kommunikation kommen. Rosenberg nutzt alltägliche und sehr anschauliche Beispiele, um destruktive Muster zu entlarven und schafft damit eine theoretische Grundlage, die für sehr viele Menschen intuitiv einleuchtend ist. Durch die Zugänglichkeit und vermeintliche Einfachheit dieses Konzepts gerät ein wenig in Vergessenheit, worauf es gegründet ist. Als promovierter Psychologe stammen Rosenbergs Überlegungen nicht nur aus der aufmerksamen Beobachtung alltäglicher zwischenmenschlicher Interaktion. Es gibt einen ausgedehnten wissenschaftlichen, ethischen und psychotherapeutischen Hintergrund, ohne den die Gewaltfreie Kommunikation unvollständig, vereinfacht und auch ein wenig anfällig für Missbrauch bleibt. Das ist zumindest der Fall, wenn die Haltung hinter der sprachlichen Äußerung nicht die ist, die Rosenberg als notwendig erachtet. Diese „Haltung" ist eigentlich ein Gefüge aus psychischen Eigenschaften und Fähigkeiten (Selbstachtung, Empathie, Reflexionsfähigkeit) und einer positiven und toleranten Einstellung dem Menschen gegenüber.

a. Carl Rogers humanistisches Menschenbild: Es ist nur wenig bekannt, dass Marshall B. Rosenberg als junger Doktorand mit Carl Rogers, dem Begründer einer eigenen Therapieschule (der sogenannten „Klientenzentrierten Psychotherapie), zusammenarbeitete. Ihre gemeinsame Forschung betraf die Frage, wie Beziehungen sowohl für psychisch labile als auch prinzipiell gesunde Menschen heilsam sein können. [x] Dieser Hintergrund hat Rosenberg wohl intensiv geprägt, denn auch Rogers therapeutische Haltung basierte auf dem tiefen Respekt vor der subjektiven Wahrnehmung und den Bedürfnissen jedes und jeder einzelnen. [xi] Rogers war dabei sehr vorsichtig mit der Anwendung von Theorien und vertrat eher die Meinung, man solle dem Individuum, das vor einem sitzt, in all seiner Komplexität Rechnung tragen und es nicht in ein Schema pressen. Sein Menschenbild ist daher denkbar offen formuliert; zentral ist die Idee, dass jede Person nach Entfaltung und Vervollkommnung strebt. Wir möchten unser Potenzial verwirklichen und müssen dabei einen Einklang zwischen unserem Selbst und dem gesamten Organismus mit all seinen Funktionen finden. Das bedeutet, dass wir Impulse, Bedürfnisse und Emotionen nicht unterdrücken dürfen und dies auch unseren Kindern nicht beibringen sollen, denn sonst kann die Selbstentfaltung auch problematische und schmerzhafte Formen annehmen. [xii]

b. Mahatma Ghandis Ethik der Gewaltfreiheit: Gewaltfreiheit versteht Rosenberg ganz im Sinne des großen Aktivisten Gandhi, der damit so viel bewirken konnte. Das Herz von Gewalt frei zu machen und stattdessen Mitgefühl zu praktizieren ist für beide nicht ein Ausdruck von Schwäche, sondern von großer Stärke. Nur dieses freiwillige Loslassen von Urteilen, Zorn und Hass kann den Kreislauf von Gewalt und gegenseitigem Missverstehen beenden.[xiii] Gandhi hat das freilich auf einer großen politischen Ebene praktiziert, aber im Grunde handelt es sich um eine spirituelle Haltung, die auch im ganz Kleinen (zum Beispiel in der Familie) fruchtbar sein und Veränderungen bewirken kann. Außerdem fängt die Erziehung zum Frieden natürlich im Umgang zwischen Bezugsperson und Kind an – also direkt bei Ihnen!

c. Die Gesellschaftsphilosophie Erich Fromms: Fromm kennen Sie vielleicht von seinen Werken „Die Kunst des Liebens“ oder „Haben oder Sein“. Von ihm hat Rosenberg unter anderem die wichtige Überzeugung, dass das Individuum sich nur in einer gesunden Gemeinschaft oder Gesellschaft entfalten kann.[xiv] Das bedeutet besonders für Eltern, dass wir nie nur selbst Schuld sind an den Problemen innerhalb der Familie, sondern dass wir auch die Dysfunktionen unserer Umgebung in uns tragen und weitergeben. Umgekehrt bedeutet es auch, dass die Gewaltfreie Kommunikation, die wir mit unseren Kindern praktizieren, idealerweise auch weitere Kreise schlägt und andere Menschen berührt.

5. Gewaltfreie Kommunikation mit Kindern: Herausforderungen und Grundlagenarbeit

Nach Jahrzehnten der Arbeit mit Familien begann Marshall B. Rosenberg, sich speziell der einfühlsamen Kommunikation mit Kindern zu widmen. Seine äußerst aufschlussreiche Beobachtung aus der Praxis war die: Wann immer Menschen angehalten sind, ein Konfliktgespräch zu entwerfen, in dem Kinder vorkommen, wird die Unterhaltung tendenziell respektlos. [xv] Das liegt an dem Machtgefälle, das fast unmerklich entsteht, wenn Erwachsene mit Kindern sprechen. Die Erwachsenen nehmen die Rolle der stärkeren, kontrollierenden, oft auch manipulierenden Kraft in der Beziehungsdynamik ein. Das bedeutet noch gar nicht unbedingt, dass sie schimpfen, nörgeln oder maßregeln. Aber sie bringen Kindern nicht den Respekt entgegen, der einer Person im Vollsinn des Wortes gebührt. Und das – wir können uns mit etwas Anstrengung wohl alle an Beispiele aus der eigenen Kindheit erinnern – entwürdigt, verletzt und macht oft auch wütend. Rosenberg plädiert dafür, aus dieser Dynamik auszusteigen und Kindern auf Augenhöhe zu begegnen. Das heißt im Umkehrschluss, dass Gewaltfreie Kommunikation mit Kindern nicht wesentlich anders funktioniert als mit Erwachsenen. Allerdings kann es durchaus schwierig sein, diese neue Form der Gesprächsführung und Konfliktlösung in Ihrer Familie zu etablieren. Das soll aber nicht heißen, dass es nicht zu jedem Zeitpunkt lohnenswert sein kann, damit anzufangen – auch wenn das eigene Kind, und Sie mit ihm, gerade mit den Unwägbarkeiten der Pubertät zu kämpfen hat oder vielleicht sogar schon auf eigenen Beinen steht. Trotzdem ist es am einfachsten, den Grundstein für eine respektvolle und einfühlsame Kommunikation schon ab dem Säuglingsalter zu legen. Im nächsten Abschnitt werden Sie einiges über die besonderen Herausforderungen der Gewaltfreien Kommunikation mit Kindern erfahren. Darum, wie man ab der Geburt den Grundstein für einen einfühlsamen Umgang in der Familie legen kann, wird es in Kapitel II gehen. Praktische Übungen zur Gewaltfreien Kommunikation mit Kindern jeden Alters sind im Praxisteil ausgeführt.

5.1 Die größten Herausforderungen in der einfühlsamen Kommunikation mit Kindern

Herausforderung 1: Sprachliche Barrieren

Die Gewaltfreie Kommunikation bedient sich eines ganz bestimmten Vokabulars – der sogenannten „Giraffensprache“ – das auf dem Formulieren und Anerkennen von Gefühlen und Bedürfnissen beruht. Das Benennen von solchen oft komplexen inneren Zuständen ist schwierig und braucht einiges an Übung, auch bei Erwachsenen. Bei jüngeren Kindern kommt oft erschwerend hinzu, dass sie ihren inneren Aufruhr nicht wirklich einordnen und „Angst“, „Wut“, „Enttäuschung“ oder „Frustration“ kaum voneinander unterscheiden können. Noch komplizierter wird es, wenn mehrere Emotionen gleichzeitig aufkommen, etwa Wut und Angst (die übrigens sehr häufig Hand in Hand miteinander gehen).

Allerdings ist auch das eine erworbene Fähigkeit, die sich mit einer intensiven Begleitung und laufender Bestätigung durch die Eltern schon bei Kleinkindern verfestigen kann. Eine Möglichkeit, mit der Giraffensprache zu beginnen, ist es, mit möglichst konkreten und anschaulichen Begriffen zu arbeiten. Statt gleich mit Emotionen und Affekten anzufangen, können zum Beispiel körperliche Empfindungen benannt werden, etwa: „Mein Herz klopft ganz schnell und ich merke, dass ich die Zähne zusammenbeiße." Und anstatt mit eher abstrakten Bedürfnissen zu arbeiten, wie wir das Eltern leider häufig tun und zum Beispiel sagen: „Ich fühle mich total müde und brauche heute mal Ruhe", verstehen Kinder wie Erwachsene konkrete Wünsche oft viel besser – und können auch besser darauf reagieren. Beispiele für konkrete Wünsche sind:

- „Ich möchte mich ein wenig ausruhen. Bis der große Uhrzeiger auf der 12 steht, sitze ich mit meinem Tee am Sofa. Ich bitte dich, dass du dich solange alleine beschäftigst."
- „Ich fühle mich unwohl, weil es hier so unordentlich ist. Würdest du deine Bauklötze in die Kiste räumen?"

Umgekehrt können Sie auch Ihrem Kind konkrete Angebote machen und etwa nicht fragen: „Hast du ein Bedürfnis nach Nähe?", sondern: „Brauchst du eine Umarmung?". Ein Kleinkind kann auch deutlich mehr mit „Möchtest du ein bisschen mit mir im Bett kuscheln?" anfangen als mit „Bist du müde?".

Trotzdem dürfen und sollen Sie auch Begriffe ins Spiel bringen, die Ihr Kind konzeptuell noch nicht verstehen kann, denn das ist sowohl förderlich für die Sprachentwicklung als auch für das

Einfühlungsvermögen und die Entwicklung von Selbstempathie. [xvi]

Herausforderung 2: Niemand hört mir zu!

Wenn wir gewaltfrei kommunizieren, machen wir uns oft verletzlich, weil wir so offen über unsere Gefühle und Bedürfnisse sprechen. Deshalb ist ein aufmerksames und einfühlsames Gegenüber sehr wichtig, damit wir uns sicher fühlen. Nun ist es aber ein bekanntes Phänomen [xvii], dass Kinder oft nicht zuzuhören scheinen, vor allem, wenn es um emotionale Themen geht. Nicht wenige Eltern kennen den starren Blick oder das verlegene Lächeln, wenn sie ihrem Kindergartenkind sagen, dass sie es liebhaben. Die Reaktionen von Kindern sind oft nicht das, was wir erwarten oder gewohnt sind, weil sie bis zu einem bestimmten Alter wenig Wert auf soziale Gepflogenheiten legen – und dazu gehört ja auch, auf die Kommunikationsversuche einer anderen Person wohlwollend und höflich zu reagieren. Daraus darf man aber keinesfalls schließen, dass sie nicht registrieren würden, was gesagt wird, oder dass es ihnen nicht wichtig wäre. Gerade in den ersten Lebensjahren kann es uns vorkommen, als würden wir mit unserer Gewaltfreien Kommunikation ständig gegen eine Wand reden. Aber Ihr Kind bekommt jedes Wort mit, das Sie zu ihm sagen, und nach vielen Monaten der Übung wird es vermutlich wie aus heiterem Himmel äußerst eloquent seine Bedürfnisse formulieren oder nach Ihren Bedürfnissen fragen.

Herausforderung 3: Die neurologische Reife

Nehmen wir an, Sie versuchen ganz im Sinne Rosenbergs alle Anliegen an Ihr Kind nicht mehr als Forderungen, sondern als Bitten zu formulieren. Das können Sie durchaus schon bei einem Säugling oder einem jungen Kleinkind versuchen, aber es wird sehr oft nicht zum gewünschten Ergebnis führen. Bevor Sie sich davon frustrieren lassen, versuchen Sie immer mit zu bedenken (und sich im Fall darüber zu informieren), ob Ihr Kind überhaupt schon neurologisch dazu in der Lage ist, Ihrer Bitte nachzukommen. Das ist nicht ganz dasselbe wie die Feststellung, dass Ihr Kind etwas Bestimmtes schon beherrscht. So mag es durchaus sein, dass Ihre Einjährige eine ganze Mahlzeit hindurch säuberlich Erbsen und Karotten von ihrem Teller aufpickt, ohne dass etwas daneben landet. Aber wenn sie bei einem anderen Essen mit dem Impuls konfrontiert ist, das Apfelmus auf der Tischplatte zu verteilen, kann es sein, dass Ihre wiederholte Bitte damit aufzuhören für sie nicht umsetzbar ist. Dann ist das Experimentieren mit dem neuen Material so verlockend, dass Ihr Kind schlicht nicht aufhören *kann*. Ebenso ist ein Dreijähriger vielleicht dazu in der Lage, sich vom Unterhemd bis zu den Schuhen selbst anzuziehen. Aber die Bitte, sich jetzt anziehen zu gehen, kann von so vielen möglichen Ablenkungen in Form von Spielzeug, faszinierenden Ereignissen vor dem Fenster oder einer plötzlichen Idee abgelöst werden, dass er schlichtweg vergisst, sich anzuziehen. Das hat mit der Entwicklung des Gehirns zu tun: Der obere Teil des Gehirns, insbesondere der präfrontale Kortex, stellt das Zentrum für rationale Überlegungen, Selbstdisziplin, Empathie, Erinnerungsvermögen und Moral dar. Dieser Teil ist aber über die gesamte Kindheit hinweg bis ins junge

Erwachsenenalter eine dauerhafte Baustelle; er ist in Entwicklung begriffen und nicht immer kann ein Kind Zugang dazu finden. [xviii] Wenn Impulse aus der Wahrnehmung oder aus bestimmten Affekten sich im Bewusstsein regen, greift der untere und ältere Teil des Gehirns: Der Hirnstamm und das limbische System, die für Körperfunktionen und instinktives Handeln zuständig sind. Dann ist es sehr schwierig, die Kontrolle über sich selbst zu behalten, zumal wenn man erst drei Jahre alt ist. Außerdem ist die bewusste Empathiefähigkeit in den ersten Lebensjahren noch recht eingeschränkt. Auch wenn Sie Ihrem zweijährigen Kind geduldig und ruhig erklären, dass sein Zwicken Ihnen wehtut, fehlt ihm die Kapazität, zu begreifen, dass Sie wirklich unter seinem Verhalten leiden. Bevor Sie also an sich selbst, Ihrem Kind oder an der Gewaltfreien Kommunikation verzweifeln, überlegen Sie immer mit, ob eine Bitte wirklich umsetzbar und eine Erklärung wirklich nachvollziehbar ist. Übrigens müssen Sie nicht aufhören, Ihre Bedürfnisse und Gefühle in Worte zu fassen, nur weil Ihr Kind diese vielleicht nicht gänzlich versteht. Haben Sie nur einfach ein wenig Geduld.

Herausforderung 4: Das Autonomiestreben unserer Kinder

Wenn Sie es mit einem Kleinkind im Trotzalter oder auch einem widerborstigen Teenager zu tun haben, kann es sein, dass Ihre Versuche mit der Gewaltfreien Kommunikation kaum Wirkung zeigen und Ihren Familienalltag kein bisschen einfacher macht. Und das aus einem einfachen Grund: Auch wenn Sie Ihre Wünsche als Bitten formulieren und entsprechende Bedürfnisse oder Gefühle äußern, wird Ihr Kind in sehr vielen Fällen trotzdem nicht tun, was Sie von ihm möchten. Und das kann den Ärger mitunter noch verstärken: Sie geben sich große Mühe bei der Kommunikation und die Suche nach den richtigen Worten strengt Sie enorm an. Ihr Kind reagiert deshalb aber nicht wesentlich anders auf Sie, als wenn Sie schimpfen würden. Das kann ganz schön frustrierend sein. Hier wird deutlich, wie limitiert und sogar kontraproduktiv die Gewaltfreie Kommunikation ohne die zugehörige Haltung sein kann. Wird sie als Weg verstanden, das Gegenüber durch eine freundliche Gesprächsbasis zur Kooperation zu zwingen, kann das fast nur zur Enttäuschung führen. Aus einer respektvollen Haltung heraus müssen wir es als Eltern akzeptieren, wenn unsere Kinder nicht das tun, was wir möchten, auch wenn wir sie darum bitten, und wir sollten ihnen deshalb nicht weniger Respekt entgegenbringen. [xix] Das Streben nach Autonomie ist ein für Kinder zutiefst grundlegendes Bedürfnis – eines, in dem sie Unterstützung brauchen und das nicht den Dynamiken von Belohnung und Strafe unterworfen werden darf. Also wird auch die einfühlsamste Kommunikation aus einem Zweijährigen keinen kooperativen Rauschgoldengel machen. Denn die Haltung, aus der heraus Sie kommunizieren, sollte Ihrem Kind zwischen den Zeilen sagen: „Meine Liebe und meine Achtung vor dir bleiben auch bestehen, wenn du meine Bitten ignorierst. Du bist eine autonome Person und ich respektiere das.“ Freilich gibt es aber Situationen, in denen wir der Autonomie unserer Kinder klare Grenzen setzen müssen, weil etwa Gefahr droht oder etwas kaputt gehen könnte (sh. Praxisteil: „Der Umgang mit Grenzen“)

Herausforderung 5: Zeitmangel und situative Erfordernisse

Eine häufig vorgebrachte Kritik an der Gewaltfreien Kommunikation ist die, dass sie nur mit ausreichend Zeit funktionieren kann. Und genau diese Zeit fehlt oft im Familienalltag. Wenn Sie die Notwendigkeit eines Arztbesuches zuerst anhand Ihrer eigenen Bedürfnisse und der Ihres Kindes begreiflich machen wollen, haben Sie womöglich den Termin verpasst. Wenn Ihr Kind an einem Regentag mit Sandalen in den Kindergarten gehen möchte, sind Sie zu spät in der Arbeit, wenn Sie ihm vorher erklären möchten, weshalb es Ihnen ein Bedürfnis ist, dass es trockene Füße behält. Auch ganz anders geartete Situationen sind durch einen solchen „Zeitmangel" gekennzeichnet: Greift Ihr Kind Sie oder eine andere Person körperlich an, bleibt keine Zeit zu sprechen. Sie müssen verhindern, dass jemand verletzt wird – und ohnedies ist Ihr Kind in einem Zustand emotionalen Aufruhrs kaum empfänglich für Erklärungen. [xx] Mitunter haben Sie als Mutter oder Vater ganz einfach die Pflicht durchzugreifen, etwa bei akuter Lebensgefahr im Straßenverkehr. Sie müssen sich nicht scheuen, in solchen Situationen konsequent zu sein und eher zu handeln als zu sprechen. Denn auch Ihr Gehirn verfügt bis zum heutigen Tag über einen impulsiven Teil, der unter Gefahr oder hohem Druck aktiv wird und bewusste Überlegungen aushebelt.[xxi] Wenn Sie nur in brenzligen Situationen so vehement auftreten, wird das die Beziehung zu Ihrem Kind nicht beeinträchtigen. Wenn Sie im Normalfall ruhig und besonnen kommunizieren, wird das Vertrauen zu Ihnen groß genug sein, um ein so überraschendes und vielleicht auch heftiges Handeln auszuhalten. Wenn Ihr Kind nur selten ein lautes „Stopp!" oder „Nein!" hört, bleibt zudem ein gewisser schockierender Effekt erhalten und es wird verstehen, dass die Situation ernst ist und rasch reagieren, ohne zuvor Ihre Autorität infrage zu stellen. Nehmen Sie sich aber anschließend in einer ruhigen Minute Zeit, die Geschehnisse gemeinsam durchzugehen und zu besprechen. Konkrete Ratschläge dafür finden Sie im Praxisteil.

5.2 Über den Umgang mit Grenzen

Ein Aspekt der Gewaltfreien Kommunikation lässt Eltern mitunter stutzen und stellt sie vor ein ernstzunehmendes Problem: Wenn ich Respekt vor der Autonomie meines Kindes habe, muss ich es akzeptieren, wenn es etwas anderes tut als das, worum ich es bitte. Und das wiederum kann ich nicht immer akzeptieren. Ich muss mein Kind vor Gefahren schützen, ihm Werte im Zusammenleben vermitteln, und außerdem gibt es auch so etwas wie Sachzwänge, und das jeden Tag. Dinge wie das Bremsen am Zebrastreifen, das Wechseln von Windeln oder der gewaltlose Umgang mit dem kleinen Geschwisterchen können nicht jedes Mal neu ausverhandelt werden – es gibt keine Alternative zum gelegentlichen Durchgreifen und Grenzen setzen. In seinem Büchlein „Raising Children Compassionately“ meint Rosenberg dazu recht knapp, dass der richtige Umgang mit Grenzen darauf beruht, die Umgebung, nicht aber das Kind zu verändern oder zu manipulieren. Das ist ein sinnvoller Ansatz, der sich auch mit den Prinzipien der Gewaltfreien Kommunikation vereinbaren lässt. Aber bei den alltäglichen Dramen rund ums Anziehen, Essen, Aufräumen und Filmschauen hilft er nur bedingt weiter. Das ruhige und liebevolle Setzen von Grenzen wird einen prominenten Platz im Praxisteil einnehmen und dort werden wir Anleihen aus verwandten pädagogisch-psychologischen Ansätzen nehmen, um die Gewaltfreie Kommunikation an die Bedürfnisse von Eltern und Kindern anzupassen. Das ebenfalls aus den USA stammende Erziehungskonzept RIE® (Resources for Infant Educarers, nach der gleichnamigen Organisation), das auch manchmal „Respectful Parenting" genannt wird, basiert wie die Gewaltfreie Kommunikation auf dem ehrlichen und bedürfniszentrierten Ausdruck. Die theoretischen Hintergründe unterscheiden sich zwar, denn RIE® geht über die Ungarin Magda Gerber auf die große Wiener Reformpädagogin Emmi Pikler zurück – die Dame, der wir das Pikler-Dreieck, den Kletterbogen und die körperzentrierte Erziehung verdanken. Im Respectful Parenting sind Eltern und Kinder einander, ähnlich wie Rosenberg, durch eine aufrichtige Beziehung auf Augenhöhe verbunden. Der Umgang mit Macht ist ein ebenso offener wie vorsichtiger, die Autonomie des Kindes ist dabei immer zu wahren. Zugleich dürfen in einer solchen Beziehung Eltern ihre Bedürfnisse und Grenzen klar äußern, auch wenn sie ihre Kinder damit fordern. Der RIE®-Ansatz hat eine Vielzahl an Ratgebern hervorgebracht, in dem der Umgang mit Grenzen ausführlich besprochen und erklärt wird. Das zugehörige Kommunikationsmodell ist der Gewaltfreien Kommunikation ähnlich, sieht aber mehr Begleitung für Kinder in emotionalem Aufruhr vor.

II. Bedürfnisse von Kindern

1. Bedürfnisse als Grundlage der Eltern-Kind-Beziehung

Die Gewaltfreie Kommunikation basiert auf dem Sprechen über eigene Bedürfnisse und über die Bedürfnisse von Mitmenschen. Allerdings können Kinder ihre Bedürfnisse erst nach mehreren Jahren wirklich klar erkennen und äußern. Vor dieser Zeit äußern sie sich undifferenzierter und sind vor allem in starkem Ausmaß darauf angewiesen, wahr- und ernstgenommen zu werden, wenn sie bedürftig sind.

Im deutschsprachigen Raum ist die „bedürfnisorientierte Erziehung" in aller Munde. Dieses Erziehungsideal, das ursprünglich aus den USA stammt und dort „attachment parenting" (also „bindungsorientierte Elternschaft") heißt, scheint für viele zu heißen: Jeden Wunsch prompt erfüllen, Tränen und Frustration so gut als möglich vermeiden. Kein Wunder, dass Eltern dann das Gefühl bekommen, sie seien den ganzen Tag nur damit beschäftigt ein Bedürfnis nach dem anderen zu befriedigen und doch meinen, sie könnten diesen Bedürfnissen niemals in vollem Maße gerecht werden. Allerdings ist das „attachment parenting" ein Konzept für die Pflege von Säuglingen und besteht nicht darauf, dass auch ältere Kinder keine Grenzen kennen und niemals weinen sollen. Und tatsächlich ist das auch gar nicht möglich. Außerdem finden Kinder selbst nicht immer den richtigen Zugang zu ihren Bedürfnissen und die richtigen Worte dafür. Hier gibt es eine Wechselwirkung mit der Erfahrung der Eltern: Fällt es diesen schwer, die Bedürfnisse ihres Kindes einzuordnen und zu benennen, fehlt es dem Kind später vielleicht an Selbstempathie und dem Vokabular, um seine Wünsche zu erkennen und zu äußern. Dann wird nicht selten zu problematischen oder kontraproduktiven Mitteln gegriffen, um diese Wünsche zu verwirklichen – kurz: Das Kind muss sich wie ein Schakal äußern.

Die Bedürfnisse Ihres Kindes zu erkennen, hilft Ihnen auf zwei Ebenen:

- Sie können besser verstehen, warum ein Kind sich auf „schwierige“ Weise verhält. Im Sinne der Gewaltfreien Kommunikation können Sie sogar bei jedem für Sie anstrengenden oder unverständlichen Verhalten fragen: Was ist das Bedürfnis dahinter? Das hilft Ihnen, die Verbindung zu Ihrem Kind aufrecht zu erhalten und Sie müssen sich deutlich weniger ärgern.
- Wenn Sie ein gutes Gespür für die Bedürfnisse Ihres Kindes haben und diese gut benennen können, wird Ihr Kind das rasch von Ihnen übernehmen. Es fällt ihm dann später viel leichter, die eigenen Bedürfnisse auf verträgliche Weise zu äußern. Viele mögliche Konflikte fallen so direkt weg.

2. Haben Kinder und Erwachsene unterschiedliche Bedürfnisse?

In den meisten psychologischen Theorien werden Bedürfnisse als universell verstanden. Alle Menschen teilen sie miteinander, auch wenn sie sich individuell auf völlig unterschiedliche Weise äußern können. So gibt es unweigerlich ein menschliches Bedürfnis nach Sozialkontakt, aber welche Art von Kontakt dieses Bedürfnis befriedigt – ein Gespräch, eine gemeinsame Unternehmung, körperliche Nähe, sexuelle Begegnungen – unterscheidet sich von Person zu Person. Auch in der Gewaltfreien Kommunikation gibt es eine ganze Reihe von verschiedenen Bedürfnissen, die jede Person in einem gewissen Maß hat. Es wird dabei nicht zwischen Kindern und Erwachsenen unterschieden. Auch wenn man den Eindruck gewinnen könnte, Kinder seien extrem bedürftig und die Vielfalt ihrer Bedürfnisse wäre kaum zu befriedigen, ist das bei Erwachsenen nicht grundlegend anders. Sie haben nur im Idealfall gelernt, viele Bedürfnisse selbstständig und ohne fremde Hilfe zu befriedigen und weniger dringliche Bedürfnisse aufzuschieben.

Bedürfnisse ändern sich in der Art, wie sie erlebt werden und in der Art, wie sie befriedigt werden können. Aber sie sind grundsätzlich aufbauend und verschwinden nicht einfach im Laufe des Lebens. In den folgenden Abschnitten erfahren Sie, wie diese Veränderungen sich über verschiedene Lebensphasen bis zum jungen Erwachsenenalter hinziehen. Außerdem geht es auch darum, worauf Eltern und andere Bezugspersonen bei der Befriedigung der kindlichen Bedürfnisse achten müssen und wie sie diese Bedürfnisse verstehen können.

Nach Marshall B. Rosenberg haben wir als Menschen die folgenden Bedürfnisse:

- Physisches Wohlbefinden (ausreichend Nahrung, Schlaf, Sauerstoff, Bewegung, Sicherheit u. Ä.)
- Autonomie, also Entscheidungs- und Handlungsfreiheit
- Integrität, also die Möglichkeit, uns auszudrücken und zu entfalten
- Spiel, also „zweckfreie" Tätigkeiten, Spaß und Lachen
- Feiern, also das (rituelle) Begehen von wichtigen Ereignissen
- Spirituelle Bedürfnisse, darunter fällt auch Schönheit, Harmonie, Inspiration und Friede
- Soziale Bedürfnisse und Verbundenheit, also Gemeinschaft, Liebe, Anerkennung und Respekt

Wir werden uns der Reihe nach ansehen, welche Bedürfnisse des Menschen in welchen Lebensphasen vorherrschend sind. Dann kann auch entschieden werden, ob Rosenbergs Liste erschöpfend ist – er selbst würde das vermutlich verneinen. Grundsätzlich ist diese Zusammenschau von Bedürfnissen auf Erwachsene zugeschnitten und bei Kindern können sie einen etwas anderen Ausdruck finden. Manchmal sind sie auch schlicht irrelevant: Ein Baby hat nur ein geringes Bedürfnis nach Feiern, da ihm das Verständnis für Riten und Übergänge fehlt. Aber seine sozialen Bedürfnisse sind sehr ausgeprägt und auch differenziert. Es ist auch spannend zu sehen, dass Rosenberg Erwachsenen scheinbar kindliche Bedürfnisse zuschreibt, wie etwa das Spielen.

Diese Liste wie auch die jetzt folgenden sind jedenfalls unvollständig – ergänzen Sie sich für sich selbst so, wie es sich gut anfühlt.

3. Die Bedürfnisse von Säuglingen von der Geburt bis zum ersten Geburtstag

Neugeborene Babys werden von ihren Eltern häufig als die bedürftigste Sorte Kind wahrgenommen. Zugleich ist die Bereitschaft, sich viele Stunden pro Tag um einen Säugling zu kümmern, besonders hoch. Gerade in den ersten Lebensmonaten scheint es fast selbstverständlich, dass man als Mutter, Vater oder BetreuerIn unverzüglich auf jedes Signal des Babys reagiert. Und, dass man auch, wenn man selbst unter Schlafmangel leidet, unsicher ist oder noch mit der neuen Familiensituation zu kämpfen hat. Vermutlich ist dies auch die Lebensphase eines Kindes, in der Eltern am wenigsten schimpfen. Der pädagogische Konsens geht in die Richtung, dass die Bedürfnisse von kleinen Säuglingen keinen Aufschub dulden. Das Kind gerät schnell unter enormen Stress, wenn es mit seinem quälenden Hunger, dem körperlichen Unbehagen oder der Überwältigung im Angesicht dieser komplizierten Welt alleine gelassen wird. Zugleich geben die Bedürfnisse von Säuglingen ihren Eltern oft Rätsel auf. Vielleicht kennen Sie die Geschichten von Babys, die jeden Abend genau um die gleiche Uhrzeit eine Stunde weinen, um dann schlagartig aufzuhören. Während dieser Stunde sind die ratlosen Eltern schier am Verzweifeln: Welches Bedürfnis äußert das Kind hier? Es ist gewickelt, gefüttert, ausgeschlafen und hat es warm. Was also fehlt ihm?

Hier können Eltern mit der nötigen Empathie und dem nötigen Wissen etwas ganz Wichtiges für das Leben mit ihrem Kind lernen: Gefühlsäußerungen wie Weinen und Schreien sind nicht das Problem. Sie helfen dem Kind (wie auch dem Erwachsenen), mit dem

Problem umzugehen. Schon bei einem zwei Wochen alten Baby kann sich so eine enorme Autonomie ausdrücken: Das sind meine Gefühle, und die gehen nicht weg, wenn du das möchtest.

In der Zeit zwischen Geburt und etwa neuntem bis zwölftem Monat gibt es keinerlei Unterschied zwischen Bedürfnis und Wunsch. Was das Baby braucht, das braucht es. Die Grenze am ersten Geburtstag ist nicht willkürlich gewählt: Rund um diesen Zeitpunkt gibt es große Veränderungen in der psychischen Verfasstheit des Kindes, in seiner Mobilität und in der intellektuellen Kapazität.

a) Basale physiologische Bedürfnisse

Diese Bedürfnisebene ist im Leben des Säuglings praktisch ab Tag eins sehr zentral, und sie bleibt es bis zum Ende des Lebens. Nur die Art, wie wir diese Bedürfnisse befriedigen, ist starken Änderungen unterworfen und entwickelt sich sehr individuell. Aber auch Säuglinge haben hier Vorlieben, die mit dem Temperament, aber auch den Erfahrungen in der Schwangerschaft zusammenhängen können. Auch Sie als Mutter oder Vater haben ein Wörtchen mitzureden bei der Art der Bedürfnisbefriedigung und prägen auf diese Weise die Gewohnheiten ihres Babys mit. Ob Sie Ihr Kind mit Pre-Milch oder Muttermilch ernähren, ob es bei Ihnen schläft oder im eigenen Zimmer, ob Sie es mit Einweg- oder Stoffwindeln wickeln, entscheiden letztlich Sie. Auf diese Weise vermitteln Sie Ihrem Kind eine gewisse „Normalität“ und prägen so sein Gefühl für richtig und falsch, angenehm und unangenehm. Babys haben ein recht „unverdorbenes“ Gespür für den eigenen Körper und das, was er braucht. Es ist daher am besten, auf seine Äußerungen zu reagieren und nicht nach einer strikten Routine vorzugehen. Bei Hunger „sucht" und quengelt das Kind oder es steckt sich die Finger in den Mund. Empfohlen wird das Füttern nach Bedarf, auch wenn das Kind sich dreimal in drei Stunden meldet. Auch Schlaf kann nicht erzwungen, sondern nur durch eine Atmosphäre der Ruhe und Geborgenheit gefördert werden. Ein Kind muss das Schlafen oder Trinken nicht beigebracht bekommen. Seine Biologie ist ihm ein Kompass, der es ihm im Normalfall ermöglicht, all das intuitiv und nach Bedarf zu tun.

b) Körperliche Autonomie

Ein Neugeborenes ist nicht mobil – allerdings äußerst beweglich. Die meisten Dinge, die mit seinem Körper geschehen, kann es nicht selbst lenken. Das tun, zumeist ohne Nachdenken, die Eltern. Die fehlende Bewegungskompetenz des Kindes heißt aber keineswegs, dass es kein Bedürfnis nach körperlicher Integrität hat. Im Gegenteil, wir müssen die körperlichen Erfahrungen eines Babys respektieren und sehr vorsichtig damit umgehen. Das beginnt idealerweise schon mit der Geburt, wo das Kind am besten lange Zeit auf dem Bauch der Mutter liegen darf. Je nachdem, ob gestillt wird oder nicht, soll es in Ruhe die Brust finden dürfen. Untersuchungen durch ÄrztInnen, Hebammen etc. sollten bei Säuglingen und bei Kindern jeden Alters mit großer Ruhe und Vorsicht durchgeführt werden. Am besten darf das Baby dabei ganz nahe bei einer Bezugsperson bleiben. Dieser Respekt vor den neuen und gewiss einschüchternden Erfahrungen des Säuglings sollte sich fortsetzen. Wir sollten ihn stets mit „fragenden Händen" [xxii] angreifen, meint

Magda Gerber, die das RIE®-Konzept begründet hat. Übergänge in andere räumliche Situationen sollten langsam und bewusst gestaltet werden. Sie können ruhig schon in diesem Alter beginnen, ein Kind verbal auf das vorzubereiten, was als nächstes passiert und ihm zu erzählen, was sich gerade ereignet. Wird von einer dunklen in eine helle oder von einer ruhigen in eine laute Atmosphäre gewechselt, geschieht das am besten langsam und in Körperkontakt. Auch das (eigentlich basale) Bedürfnis nach Bewegung muss im ersten Lebensjahr respektiert werden. Für die Ärztin Emmi Pikler war die selbstgerichtete Bewegung das Grundbedürfnis des kleinen Kindes, das am meisten missachtet wird. Kinder in einer Wippe, einem Gehfrei, einem Autositz, einem Hochstuhl o. ä. zu fixieren schränkt seine Bewegungsfreiheit empfindlich ein. Aber auch das frühzeitige Animieren zum Sitzen, Krabbeln oder Gehen gilt bei Pikler als schwierig. Ein Kind verfügt über ein evolutionäres Programm, das es ihm ermöglicht, all diese Fähigkeiten auszubilden, wenn es körperlich und geistig dazu bereit ist. Ein Baby braucht daher nur eine Decke am Boden, auf der es liegen kann. Es wird dann viele Wochen damit zubringen, seinen eigenen Körper fühlen und bewegen zu lernen und soll dabei weder unterstützt noch eingeschränkt werden.

c) Psychische Autonomie

Die Erlebnis- und Gefühlswelt eines Neugeborenen entzieht sich uns recht radikal. Niemand kann sich selbst an die Säuglingszeit erinnern. Also müssen wir uns auf unsere Beobachtung verlassen, uns informieren und es notfalls aushalten, wenn wir nicht nachvollziehen können, wie es einem Kind gerade geht und was es braucht.

Gerade bei häufigem Weinen ist das oft der Fall und die schnelle Antwort – Bauchschmerzen – lässt sich sehr oft nicht bestätigen. Wenn es einem Kind offensichtlich schlecht geht und seine Eltern den Grund nicht herausfinden können (basale Bedürfnisse sollten der Reihe nach ausgeschlossen werden), können sie nichts weiter tun, als diesen Zustand zu akzeptieren. Das Kind hat ein Recht auf sein Unbehagen wie auf sein Wohlbefinden. Wie es empfindet, sollte nicht manipuliert oder bewertet werden. Und doch tun wir das unbewusst sehr häufig. Wenn wir etwa ein weinendes Kind um jeden Preis beruhigen wollen, stellen wir seine Autonomie und die Berechtigung seiner Emotion infrage.

d) Anregung

In der Anfangszeit ist ein Baby nur wenige Stunden pro Tag wirklich wach und die Sinneseindrücke, die beim Trinken, Kuscheln, Getragen werden, Baden usw. auf es eindringen, müssen erst einmal verarbeitet werden. Aber das Kind gewöhnt sich an immer mehr und bald interessiert es sich für neue visuelle und akustische Eindrücke. Es kann lange Zeit das Spiel von Schatten an der Wand oder Blättern im Freien beobachten. Spricht man mit ihm, setzt es schnell die eigene Stimme ein und beginnt zu kommunizieren. Halten Sie sich immer vor Augen, dass für Ihr Baby buchstäblich alles neu und interessant ist. Lassen Sie es die Welt im eigenen Tempo kennenlernen. Stellen Sie nur wenig sehr einfaches und ausgesuchtes Material zur Verfügung, etwa schlichtes Holzspielzeug oder Mobiles, Tücher, Ringe u. Ä. Häufiges Sprechen und Singen mit dem Baby ist wunderbar, aber es darf und soll auch Ruhepausen geben. Die Natur ist die optimale Lernumgebung für

Ihr Kind, also gehen Sie mit dem nötigen Kälte- oder Sonnenschutz am besten täglich mit ihm ins Freie.

e) Bindung und Nähe

Mit der Geburt verändert sich das Erleben eines Menschen schlagartig: Innerhalb der Gebärmutter kannte er keine Trennung, aber auch keine Beziehung. Er kann jedenfalls treffsicher „belebt" und „unbelebt" unterscheiden – er weiß also, ob er auf einem Menschen oder in einem Bettchen liegt. Ersteres wird fast immer vorgezogen. Wer die Person ist, die Wärme und Geborgenheit spendet, ist aber fast gleichgültig. Die leibliche Mutter hat einen kleinen Startvorteil: Der Klang ihres Herzschlages und ihrer Stimme sind dem Baby vertraut. Ihren Geruch prägt es sich gleich nach der Geburt ein. Aber es kann vermutlich ohne jeglichen psychischen Schaden sehr bald von der Mutter getrennt und einer anderen möglichen Bezugsperson anvertraut werden. In den ersten Lebensmonaten entwickelt sich aber ein Sinn für „vertraut" und „fremd", der mit dem Beginn des Fremdelns voll ausgebildet ist. Das Kind hat vermutlich enge Bindungen zu einer bis vier Personen entwickelt und zieht diese allen anderen vor. Bei seinen Bezugspersonen fühlt es sich sicher, sofern diese sich in der Vergangenheit als empathisch und zuverlässig erwiesen haben. Alle anderen Menschen jagen ihm mehr oder weniger Angst ein. Die Nähe zu den Bindungspersonen wird immer mehr aktiv gesucht. In dieser Lebensphase reicht die räumliche Anwesenheit oft nicht aus – das Kind braucht Körperkontakt und wird am liebsten getragen.

Der Säugling hat immer eine primäre Bindung. Das ist sehr häufig die zur leiblichen Mutter, aber der Vater oder andere Personen, ob verwandt oder nicht, sind dazu nicht weniger gut geeignet. Wichtig ist, dass diese Bezugsperson verlässlich jeden Tag verfügbar ist. Die primäre Bindung ändert sich auch nicht, wenn das Baby in Betreuung kommt und in eine Beziehung zum Betreuer/zur Betreuerin tritt. Nur im äußersten Notfall, also durch eine lange Trennung von der primären Bezugsperson, kann jemand anderes diese Rolle einnehmen.
Hat das Kind eine grundlegende Bindung zu einer oder mehreren Personen entwickelt, zeigt es deutliches Bindungsverhalten, wenn es unter Stress steht oder ein Bedürfnis verspürt. Das heißt, es sucht aktiv nach der Nähe einer Bindungsperson.

f) Ko-Regulierung („Containing"):

Eine äußerst wichtige und ebenso schwierige Funktion der Bindungsdyade ist die emotionale Regulierung. Das bedeutet schlicht, dass wir als Menschen in emotionalen Situationen die Nähe von Bezugspersonen suchen, um uns von ihnen spiegeln und beruhigen zu lassen. Kinder wie Erwachsene zeigen dieses Bedürfnis. Bei Säuglingen ist es aber am intensivsten. Sie verfügen zwar über gewisse Strategien, um Stress, Angst oder Wut abzubauen (etwa Weinen oder Aktivität), aber ihre Emotionen können sie schnell überwältigen. Daraus entsteht oft eine Abwärtsspirale, in der die Ausschüttung des Stresshormons Cortisol in der Nebenniere immer weiter zunimmt. Beenden kann diese Dynamik eigentlich nur eine andere Person, indem sie Nähe spendet, Ruhe ausstrahlt und die Gefühle gemeinsam mit dem Kind bearbeitet. In der

Psychotherapie nennt man dieses Beziehungsverhalten auch „Containing“:

- Die Bezugsperson nimmt das Gefühl des Gegenübers (des Kindes) auf, indem sie es spiegelt (oft mimisch) oder benennt.
- Sie stellt sich zur Verfügung, das Gefühl gemeinsam mit dem Gegenüber auszuhalten und stellt dazu Augenkontakt her oder hält sonstwie die Verbindung (etwa durch beruhigende Laute).
- Das Kind beginnt seinerseits, die Ruhe der Bezugsperson zu spiegeln, sowie es dazu bereit ist.

In Texten und anderen Medien zum Thema Weinen bei Babys ist mitunter von der Selbstberuhigung („self-soothing“) die Rede. So soll ein Kind ab sechs Monaten etwa das Einschlafen im eigenen Bett durch Selbstberuhigung erlernen. Nach allem, was wir über die neuronalen und psychischen Kapazitäten von Babys wissen, existiert so etwas nicht. Exzessives Weinen führt nicht zu einem Lernprozess – das ist nämlich im Kampf-oder-Flucht-Modus einfach nicht möglich. Es kann aber zur Folge haben, dass das Kind innerlich resigniert und aufhört zu weinen. Der Cortisolspiegel sinkt in diesem Fall aber nicht. Echte Beruhigung, die das Wohlbefinden wiederherstellt, ist aller Wahrscheinlichkeit nach nur gemeinsam mit einer Bezugsperson möglich, und das gilt zumindest bis zum späten Kleinkindalter.

4. Die Bedürfnisse des Kleinkindes im Alter von einem bis fünf Jahren

a) Basale Bedürfnisse (Nahrung, Schlaf, Sicherheit, Ausscheidung, Schmerzfreiheit)

Bei der Erfüllung ihrer physiologischen Grundbedürfnisse legen viele Kinder rund um den ersten Geburtstag beträchtlichen Eigenwillen an den Tag. Sie werden mitunter wählerisch beim Essen, haben Schwierigkeiten beim Einschlafen, usw.

Als Eltern kann man dieses erste Streben nach Selbstbestimmung unterstützen, wo es möglich ist, muss aber unbedingt einen Rahmen vorgeben. Viele Babys brauchen schon ab einem früheren Alter reichlich Struktur; ab dem zweiten Lebensjahr ist sie dann fast unerlässlich. Gewohnheiten setzen sich jetzt besonders intensiv fest, denn es sind täglich neue Lernprozesse im Gang. Trotzdem können Sie sich weiterhin darauf verlassen, dass die Kinder in Ihrer Obhut ihrem Körper folgen und fast immer genug Nahrung und Schlaf bekommen. Es ist also große Gelassenheit angesagt, denn emotionaler Druck verstärkt den Stress. Schlaf und Nahrungsaufnahme sind nur in entspannter Atmosphäre möglich. Als Eltern oder Betreuer/in ist Ihre wichtigste Aufgabe, die richtigen Bedingungen zu schaffen und das Kind ganz sanft anzuleiten. Das bedeutet…

- … beim Essen: Sie bieten pro Mahlzeit jeweils verschiedene Lebensmittel an. Das Kind kann so viel davon essen, wie es möchte. Andere Speisen gibt es nicht. Wenn Ihr Kind also statt dem Abendessen lieber Butterbrot möchte, brauchen Sie darauf nicht einzugehen. Andererseits muss das Kind aber auch nichts essen, was es gerade nicht mag. Das Bedürfnis nach Nahrung kann mit verschiedenen Lebensmitteln gestillt werden, aber es muss nicht das sein, was das Kind sich wünscht. Das selbstständige Essen und Trinken sind dem Füttern langsam vorzuziehen.

- … beim Schlafen: Jeder Mensch muss sich zum Einschlafen geborgen und entspannt fühlen. Für sehr viele von uns – nicht nur für Kinder – bedeutet das, neben einer anderen Person zu schlafen. Einschlafbegleitung verwehren Sie also am besten nicht. Feste Gewohnheiten wie Einschlafstillen, Wiegen oder Tragen kann man aber sanft auflösen, sodass das Kind sich daran gewöhnt, neben Ihnen einzuschlafen. Sie finden eine kurze Anleitung dazu im Praxisteil. Schlafassoziationen wie ein bestimmtes Lied, ein bestimmtes Kissen und ein bestimmter Ablauf vor dem Zubettgehen sind in diesem Alter besonders wichtig. Schaffen Sie eine Routine, die zum Temperament Ihres Kindes passt. Sie muss nicht unbedingt ruhig sein, auch eine kurze Einheit Bewegung vor dem Schlafen kann der Entspannung förderlich sein.
- … bei der Ausscheidung: Kinder interessieren sich schon im ersten Lebensjahr für ihre Ausscheidungen und finden einen bewussten Umgang mit ihnen. Bei Babys, die abgehalten werden oder die häufiger nackt sein dürfen, passiert das meist etwas früher. Auf dieses neue Interesse können Sie ohne große Emotionen (weder Euphorie noch Ekel oder Scham) eingehen und dem Kind erklären, was bei der Verdauung passiert. Das Sauber- und Trockenwerden können Sie unterstützen, indem

Sie einen Topf oder einen Toilettensitz immer wieder anbieten. Windelfrei zu werden soll aber auf Initiative des Kindes passieren und darf auch länger dauern. Auch sanfter Druck oder positive Verstärkung helfen hier nicht weiter, da die nötige physiologische Reife einfach kommt, wenn sie kommt.

- ... in Sicherheitsfragen: Als Bezugsperson eines zunehmend mobil werdenden Kleinkindes hat man manchmal das Gefühl, den ganzen Tag über gefährliche Situationen oder Verletzungen zu vermeiden. Und schließlich ist das auch eine Ihrer wichtigsten Aufgaben. Allerdings ist das Körpergefühl eines Kleinkindes besser als gemeinhin angenommen. Es weiß oft sehr gut, was es sich zutrauen kann. Unfälle geschehen natürlich trotzdem. Das natürliche Gefahrenbewusstsein Ihres Kindes können Sie fördern, indem Sie sich in weniger gefährlichen Situationen eher zurückhalten und ansonsten sehr konkret unterstützen. Anstatt also bei einem Spaziergang jede Minute einmal „Achtung!" zu rufen, erklären Sie genau, was Sie meinen. „Siehst du, dass da vorne ein Auto kommt?" oder: „Fühlst du, dass dieser Stein ganz locker sitzt?" oder: „Hast du gesehen, wie tief das Wasser hier ist?" Stürze und ähnliche kleinere Unfälle müssen indes fast sein und setzen auch meistens einen Lernprozess in Gang.

b) Körperliche Autonomie

Ihr Baby hat es sich vielleicht noch gefallen lassen, weggetragen, hingelegt und angezogen werden. Ihr Kleinkind wird sich manchmal ganz vehement dagegen wehren. Das ist für die Bezugspersonen sehr anstrengend, aber als Entwicklungsschritt zu einem stabilen Selbst hin sehr wichtig. Wenn Sie den Körper Ihres Kindes berühren oder bewegen, kündigen Sie das am besten klar an. Das muss natürlich nicht bei jedem Küsschen sein, auf jeden Fall aber bei Berührungen, die unter Umständen unangenehm oder überraschend sind. Das sind zum Beispiel:

- Waschen oder Abwischen von Gesicht und Händen
- Ausziehen und Anziehen inklusive des Wickelns
- Ins Bett, in den Wagen oder in den Hochstuhl heben oder daraus herausheben
- Haare waschen und Körperreinigung in der Badewanne
- Füttern und Zähneputzen
- An der Hand nehmen

Die Chancen auf Kooperation stehen deutlich besser, wenn Sie ankündigen, was Sie vorhaben und dann einige Sekunden warten. Seien Sie sich dessen bewusst, dass Ihr Kleinkind noch nicht einmal in der Autonomiephase per se trotzig ist. Es möchte ganz einfach mitmachen und -entscheiden. Oft folgt auf die Ankündigung eine überraschend ruhige Reaktion: Das Kind streckt die Arme aus, um hochgehoben zu werden oder hebt einen Fuß, um die Schuhe angezogen zu bekommen. Im Laufe der Jahre wird Ihr Kind lernen, die meisten dieser Dinge selbst zu machen. Wozu immer es schon fähig ist, das soll es auch alleine machen dürfen, sogar wenn das Ergebnis ein wenig unperfekt ist. Sich selbst die Hände zu waschen, sich die Zähne zu putzen und zu essen lernt ein Kind schon im zweiten Lebensjahr. Das Anziehen kommt dann im dritten bis vierten Lebensjahr hinzu. Wenn Sie es Ihrem Kind zutrauen, werden Sie überrascht sein, was es alles selbst kann. Ein kurzes Wort sei auch zur Sexualität des Kleinkindes gesagt: Das Interesse an den eigenen Sexualorganen erwacht im Kleinkindalter recht intensiv. Sie sollten Ihr Kind keineswegs zurechtweisen, wenn sich dieses Interesse zeigt. Ab etwa drei Jahren können Sie ihm aber erklären, dass es seinen Körper idealerweise alleine im eigenen Zimmer kennenlernt – das dient in erster Linie dem Schutz seiner Intimsphäre.

c) Psychische Autonomie

Die Zeit zwischen dem zweiten und dem vierten Lebensjahr wird oft als Autonomie- oder auch Trotzphase bezeichnet. Auch ruhige und angepasste Kinder wollen mit großer Vehemenz bestimmte Dinge selbst machen und verweigern scheinbar willkürlich andere Dinge. Das geht sehr häufig mit intensiven Gefühlsausbrüchen von Wut und Frustration einher. Auf der psychischen Ebene hängt das damit zusammen, dass das Kind die Bezugspersonen nicht mehr als Erweiterung des Selbst begreift. Es versteht, dass es einen eigenen Willen hat, der sich oft radikal von dem der anderen unterscheidet. Wenn es diesen Willen so lautstark äußert, hat das oft weniger mit dem konkreten Wunsch als mit dem Prinzip der Autonomie zu tun. Es macht keinen gewichtigen Unterschied für Ihr Kind, ob der Apfel geschält ist oder nicht – aber es möchte, dass sein Wunsch respektiert wird. Intensive Wut und Frustration dürfen sein und sollen ausgedrückt werden. Viele Konflikte können aber umschifft werden, indem das Kind aktiv in viele es betreffenden Prozesse und Entscheidungen eingebunden wird. Lassen Sie es aussuchen, was es anziehen möchte, was aufs Frühstücksbrot kommt und welches Stofftier mit auf den Spaziergang darf. Bieten Sie aktiv zwei bis drei Wahlmöglichkeiten an, wo immer es geht. Bei spontanen Wünschen können Sie letztlich nach der eigenen Kapazität darauf eingehen oder auch nicht. Grenzen sollen in jedem Fall sein, denn es ist nicht nur wichtig, die eigene Autonomie, sondern auch die der anderen wahrzunehmen.

d) Bindung und Nähe

Ein Kleinkind ist intensiv an seine wichtigsten Bezugspersonen gebunden und auch noch sehr stark auf körperliche Nähe angewiesen. Sie dürfen zunehmend eigene Bedürfnisse äußern und befriedigen, aber brechen Sie dabei nicht den Kontakt zum Kind ab. Das ist nach wie vor eine existenzielle Bedrohung. Im Kleinkindalter haben viele Kinder Trennungsängste. Damit sollten Sie sehr sensibel umgehen und zum Beispiel auf eine langsame Eingewöhnung in die Fremdbetreuung bestehen. Traumatische Trennungen können psychische Folgen haben und sollten dringend vermieden werden. Die Bindung ist in den ersten drei Lebensjahren stetig am Wachsen und entwickelt sich auch nachher weiter. Seien Sie so gut wie möglich emotional verfügbar für Ihr Kind. Schenken Sie ihm, wenn nötig, auch nachts körperliche Nähe. Die Gesprächsebene entwickelt sich in diesen Jahren zu einer immer wichtigeren Ebene der Verbundenheit. Neben Nähe werden auch die Anerkennung und Akzeptanz der Bezugspersonen immer wichtiger. Das Kind versteht, dass es ein eigenes Selbst hat und es möchte in diesem Selbst voll und ganz angenommen werden. Im Praxisteil lernen Sie viele wichtige Strategien, um Kritik auf eine Weise zu äußern, dass der Selbstwert Ihres Kindes intakt bleibt.

e) Anregung: Spiel, Spaß und soziale Kontakte

Viele Kleinkinder lieben neben ihren Spielsachen auch Alltagsgegenstände sehr. Sie wollen ihre Bezugspersonen nachahmen und finden deshalb großen Gefallen daran, im Haushalt zu helfen, beim Einkaufen dabei zu sein und bald auch Stofftiere und Puppen zu pflegen, als wären sie Kinder. Lassen Sie Ihr Kind mithelfen, wo immer es möglich ist und schaffen Sie eine Umgebung, in der so etwas möglich ist (etwa mit Haushaltsgegenständen wie Besen und Kehrschaufel in Kindergröße). Sehr wertvolle Tipps hierzu gibt es aus der Montessori-Pädagogik, etwa in Simone Davies wunderschönem Buch „Montessori für Eltern“ oder ihrem Blog „The Montessori Notebook“. Daneben sind Bücher eine wunderbare Möglichkeit für gemeinsames Tun, ebenso wie Zeichen- und Bastelmaterialien. Sehr wichtig für Kleinkinder ist die intensive und häufige Nähe zur Natur. Das geht am besten Hand in Hand mit ausreichend Bewegungsmöglichkeiten: Neben Laufen und Springen sind auch Klettern und Toben sehr wichtige Mittel für das Kind, sich selbst gut kennenzulernen. Im dritten Lebensjahr wird das Spiel mit Gleichaltrigen sehr wichtig und sollte regelmäßig stattfinden, auch wenn Sie Ihr Kind zu Hause betreuen. Ein paar Halbtage in einer Betreuungseinrichtung sind ab diesem Alter sehr zu empfehlen. Das Kind nimmt so langsam einen Platz in der Gesellschaft ein und lernt, sich in eine Gemeinschaft einzufügen. Es erfährt die Wichtigkeit von Regeln und Gerechtigkeit, von gegenseitigem Respekt und sozialem Verhalten.

f) Ko-Regulierung

Die Arbeit mit Emotionen gehört zu den wichtigsten und intensivsten Aufgaben, die das Leben mit einem Kleinkind beinhaltet. Auf die ersten Willensäußerungen folgen viele, viele Enttäuschungen und letztlich braucht Ihr Kleinkind bei jeder überwältigenden Emotion Ihre Unterstützung. Im Laufe der Jahre bis zum Schuleintritt hat es durch viele positive Erfahrungen der Akzeptanz und Unterstützung einige Möglichkeiten zur Selbstregulierung erlernt und kann diese manchmal anwenden. Dann werden emotionale Notsituationen immer seltener. Solche Strategien sind etwa:

- Bei Wut und Frustration die körperliche Spannung an speziellen Gegenständen (Kissen oder Boxsack) durch Schreien oder Stampfen abbauen
- Wo es nötig ist auch weinen und der Wirkung der Tränen, die eigentlich eine positive ist, nachspüren
- Die Nähe einer vertrauten Person suchen und über die Gefühle sprechen
- Sich mit guten Gedanken helfen, wenn man Angst hat oder traurig ist
- Einen inneren Schutzraum fantasieren, in den man sich zurückziehen kann
- Tiefe Bauchatmung oder leichte Meditationstechniken

Wenn ein Gefühlsausbruch erfolgreich durchgestanden ist, können Sie Ihr Kind zu sich holen und ihm diese Möglichkeiten näherbringen, sofern Sie selbst gute Erfahrungen damit haben. Konkrete Anleitungen finden Sie im Praxisteil.

5. Die Bedürfnisse von Schulkindern bis zum zwölften Lebensjahr

Im Alter ab etwa sechs Jahren hat die Autonomie des Kindes einen Grad erreicht, in der es sich stetig und je nach Temperament auch recht ruhig weiter entwickeln kann. Seine Interessen werden weiterhin individueller, das Interesse an Gleichaltrigen nimmt zu und es gibt immer mehr Bezugspersonen außerhalb der Kernfamilie. Besonders rapide nehmen aber die intellektuellen Fähigkeiten zu und das Kind entwickelt zunehmend eine differenzierte Innenwelt. Die Wichtigkeit der Bedürfnisse aus der Kleinkindzeit verschiebt sich und ihre Befriedigung nimmt ganz neue Züge an.

a) Basale Bedürfnisse

Im Schulalter kennen viele Kinder ihren Körper sehr gut, sofern sie es geübt haben, gut auf seine Signale zu achten. Sie können Bedürfnisse wie Hunger, Durst, Regeneration (Schlaf) und Ausscheidung zunehmend ohne oder mit minimaler Hilfe erfüllen und man darf ihnen auch die Kompetenz zugestehen, gut für sich zu sorgen. Natürlich haben die erwachsenen Bezugspersonen die Aufgabe, im Blick zu behalten, dass das Kind ausreichend schläft, isst und trinkt, gesund und schmerzfrei ist. Aber sie können das mit zunehmendem Vertrauen in die Fähigkeiten des Kindes tun und es mehr und mehr einbinden. Im Schulalter können Kinder etwa schon lernen, ganz einfache Gerichte zu kochen, ihren Körper gründlich zu pflegen und „sich selbst ins Bett zu bringen". Gibt es unterschiedliche Vorstellungen dazu, wie Ernährung, Pflege, Schlaf usw. konkret aussehen sollen, können Sie das mit Ihren

Schulkindern schon nach dem Modell der Gewaltfreien Kommunikation ausdiskutieren (sh. Praxisteil).

b) Körperliche Autonomie

Dadurch, dass das Kind nun sehr gut auf den eigenen Körper achtet, sollten Sie sich in seine körperliche Autonomie nur einmischen, wo Gefahr besteht oder wo das Kind um Hilfe bittet.

c) Psychische Autonomie

In der Zeit zwischen sechs und zwölf Jahren entwickelt sich das Kind kontinuierlich zu einer eigenständigen Persönlichkeit und bewegt sich damit auch ein Stück von Ihnen als Vorbild weg. Diese Veränderung hat etwas sehr Positives an sich und verläuft in vielen Fällen fast friktionsfrei. Viele Kinder möchten ganz langsam nicht mehr ihr gesamtes Innenleben mit den Eltern teilen. Eine vertrauensvolle Gesprächsbasis ist dabei grundlegend, ebenso wie die wiederholte Versicherung: „Du kannst mir alles sagen, ich bin dir wegen nichts böse und du musst keine Geheimnisse vor mir haben." Aber Kinder, die bisher gut emotional unterstützt wurden und sich selbstsicher und geliebt fühlen, möchten kleine Probleme oft selbst lösen oder mit sich selbst ausmachen. Es ist auch sehr wichtig, dass Ihr Schulkind eigene Erfahrungen machen kann, die es nicht mit Ihnen teilt und die Sie vielleicht auch nicht verstehen. Ab der Schulzeit gibt es oft sehr enge Freundschaften und Kinder genießen die Welt, die sie mit ihren Gleichaltrigen – und nur mit ihnen – teilen können. Diese Welt hat oft fantastische Züge, sie ist exklusiv und wer daran teilhaben möchte, muss zumeist auf eine

Einladung hoffen. Zeigen Sie Interesse an den Spielen und Unternehmungen, an den Gedanken und Gefühlen Ihres Kindes, aber dringen Sie nicht in es. Wenn es nichts erzählen möchte, heißt das nicht, dass sich etwas Negatives oder Schädliches dahinter verbirgt. Bei entsprechenden Vermutungen gehen Sie sehr behutsam vor, auf dass Ihr Kind sich nicht überrannt, sondern verstanden und akzeptiert fühlt.

d) Bindung und Nähe

Die enge Bindung an die wichtigsten Bezugspersonen bleibt im Schulalter bestehen. Ihr Kind zehrt in seinem Inneren stark von dieser Bindung, auch wenn Sie manchmal den Eindruck haben, sie wäre nicht mehr so wichtig. Die Nähe zu Ihnen findet viele weniger körperliche Kanäle und so manches Kind genießt ein schönes Gespräch gleich viel wie eine Umarmung. Sucht es aber Ihre körperliche Nähe, sollten Sie diese so oft wie möglich gewähren und sein Bedürfnis nicht abqualifizieren, indem Sie etwa sagen: „Du bist doch schon so groß, du musst nicht mehr auf meinem Schoß sitzen." Wie sehr ein Kind das Kuscheln und Schmusen noch braucht ist eine Frage des Temperaments. Unsichere und ängstliche Typen suchen auch im Schulalter nachts noch die Nähe der Bezugspersonen. Wenn es für Sie erträglich ist, lassen Sie Ihr Kind gelegentlich bei Ihnen schlafen. Es muss nicht im selben Bett sein, oft wird eine Matratze am Boden vorgezogen. Das gemeinsame Schlafen schenkt sehr viel Sicherheit in Zeiten, wo in Schule und Freundeskreis viel los ist und das Kind entsprechend intensive Erfahrungen macht.

e) Anregung

Im Schulalter hat Ihr Kind recht gefestigte eigene Interessen und es wird sich bald zeigen, ob es gerne liest oder eher draußen spielen mag; ob es ein naturwissenschaftlicher Typ ist oder lieber bastelt, malt und Geschichten erfindet. Praktisch jedes Interesse hat seine Berechtigung und idealerweise unterstützen Sie Ihr Kind einfach nur darin, indem Sie etwa Material bereitstellen, Kurse ermöglichen oder Musikunterricht organisieren. Die Entfaltung Ihres Kindes fördern können Sie außerdem auf zwei Weisen:

- Helfen Sie ihm, am Ball zu bleiben, wenn es sich für eine Aktivität oder ein Thema entschieden hat. Selbstdisziplin ist eine der wichtigsten Fähigkeiten, die in diesem Alter erworben werden. Zeigen Sie aufrichtiges Interesse an den Dingen, mit denen sich Ihr Kind gerade beschäftigt. Wenn es einen Durchhänger hat und partout nicht am Instrument üben möchte, keine Lust mehr hat zu lesen oder im Fußballclub etwas Blödes vorgefallen ist: Schenken Sie seinen Gefühlen Anerkennung und appellieren Sie an die langfristige Motivation, mit dem Hobby weiterzumachen. Zeigt sich über einen Zeitraum von mehreren Wochen, dass Ihr Kind überhaupt nichts Schönes mehr daran findet, soll es auch aufhören dürfen.
- Ihr Kind wird auf geistiger Ebene zunehmend zu einem/r Partner/in auf Augenhöhe für Sie. Zeigen Sie Ihrem Kind also, für welche Dinge Sie sich begeistern – auch wenn das eher „erwachsene“ Interessen für eine bestimmte Musikrichtung, für bildende Kunst, für Ihren Lieblingssport, für Autos, Mode oder gesunde Ernährung sind. Aufrichtiger Enthusiasmus für

ein Thema wirkt ansteckend und Ihr Kind wird sich sehr ernst genommen fühlen, wenn Sie es auf ein Konzert mitnehmen oder Ihm einen Ausschnitt aus Ihrem Lieblingsfilm zeigen. Im Französischen spricht man von einem „Passeur" – das ist eine Person, die eine andere auf ein Abenteuer mitnimmt oder ihr etwas Neues zeigt. Werden Sie also zum Passeur für Ihr Kind und lassen Sie sich umgekehrt auch von ihm zeigen, was es toll und faszinierend findet.

f) Ko-Regulierung

Hier sei nur ganz kurz gesagt: Ihr Kind braucht weiterhin Unterstützung mit schwierigen Emotionen und Situationen. Hat das bisher gut geklappt, wird es weiterhin von sich aus Ihr Verständnis und Ihre bedingungslose Liebe suchen, wenn es ihm nicht gutgeht. Da Kinder sich im Schulalter emotional manchmal ein wenig zurückziehen, bieten Sie Ihre emotionale Unterstützung immer wieder sanft und druckfrei an.

6. Die Bedürfnisse von Kindern in der Pubertät

Mit Beginn der Pubertät wird so manches unkomplizierte Schulkind kapriziöser, eigenwilliger, konfrontativer – und interessanterweise auch deutlich bedürftiger. Der Wunsch nach Eigenständigkeit wechselt sich oft mit einem intensiven Nähe- und Schutzbedürfnis ab. Die Pubertät ist die Zeit, in der Sie beide – Ihr Kind und Sie – lernen, sich als unterschiedliche Persönlichkeiten selbst und gegenseitig zu schätzen und auf gewaltfreie Weise zu kritisieren. Diese Lernerfahrungen sind nicht selten schwierig und nicht umsonst brauchen auch Eltern von pubertierenden Kindern oft viel Unterstützung und emotionalen Rückhalt.

a) Basale Bedürfnisse und körperliche Autonomie

In den letzten Jahren hat Ihr Kind eine große Selbstständigkeit an den Tag gelegt, was seine basalen Bedürfnisse angeht. Vielleicht waren sie nicht immer einverstanden mit der Schlafdauer oder den Essensvorlieben, aber Ihr Kind hat sich trotzdem gut um sich selbst gekümmert. In der beginnenden Pubertät geht es aber noch einen Schritt weiter: Die Strukturen und Vorgaben aus der Vergangenheit müssen jetzt infrage gestellt werden, damit der junge Mensch seine individuelle Persönlichkeit entfalten kann. Das gilt auch für so grundlegende Dinge wie Essen, Schlafen und Körperpflege. Es kann sein, dass Ihr Kind die Dinge radikal anders machen möchte, als das bisher der Fall war. Dazu reagiert es vielleicht sehr sensibel, wenn Sie sich einmischen. Sie beide müssen in diesen Jahren akzeptieren, dass es auch große Unterschiede zwischen Eltern und Kindern gibt und dass man sich manchmal gegenseitig nicht versteht.

Es ist kein notwendiges Übel, dass ein junger Mensch auf einen selbstbestimmten Umgang mit dem eigenen Körper pocht. In wenigen Jahren muss er sich alleine um sich kümmern können. Diesen Zustand kann er jetzt mit der Unterstützung und dem Vertrauen seiner Bezugspersonen üben und muss dabei auch Fehler machen dürfen. Das klingt in der Theorie schön harmonisch, in der

Praxis ist es das oft nicht. Wenn Ihr Kind sich ungesund ernährt, zu wenig schläft, raucht oder Drogen nimmt, fällt es schwer, seine körperliche Autonomie zu akzeptieren und sich auf respektvolle Weise einzuklinken. Es gibt aber eine einfache Richtschnur dafür, wann Sie sich auf welche Weise einmischen sollten, und zwar die rechtliche Situation. Ist Ihr Kind alt genug, um Alkohol zu trinken oder eine Beziehung zu führen, können Sie sich nur beratend einschalten. Das ist bei einer auf Vertrauen gegründeten Eltern-Kind-Bindung ohnedies am wirkungsvollsten. Bevor Sie sich aber zu einer Entscheidung Ihres Kindes kritisch äußern, überlegen Sie genau, weshalb Sie diese ablehnen. Hat es mit Sicherheitsbedenken zu tun, haben Sie Angst, Ihr Kind könnte schlechte Erfahrungen machen oder ärgern Sie sich über es? Benennen Sie Ihre Gefühle und Motive – mit Sorge kommen junge Menschen oft viel besser klar als mit Zorn. Ein Thema, das viele Eltern neben dem Konsum von Rauschmitteln noch sehr beschäftigt, ist die Frage, wie ihre Kinder ihre Sexualität ausleben. Die Pubertät ist davon gekennzeichnet, dass Erotik und körperliche Beziehungen sehr zentral werden, bei manchen Personen früher, bei manchen etwas später. Neben einem stabilen Selbstvertrauen, das es Ihrem Kind erlaubt, „Nein" zu sagen, ist es auch wichtig, ihm positive Vorbilder zu vermitteln. Das können Sie selbst sein, aber auch Verwandte, Freunde und sogar Film- und Romanfiguren. Ihr Kind soll wissen, dass es sich sehr verletzlich macht, wenn es eine erotische Beziehung zu einer anderen Person eingeht. Und es soll ein möglichst bestärkendes Bild von einer wertschätzenden und liebevollen Paarbeziehung in sich tragen, dass es vor allzu schmerzhaften oder missbräuchlichen Beziehungserfahrungen schützen kann.

b) Psychische Autonomie

Die Entwicklung echter psychischer und geistiger Autonomie gehört sozusagen zur Jobbeschreibung des Teenagers. Die intensiven Umwälzungen in der Persönlichkeit und der Beziehung zu den Eltern dient genau dazu. In diesem Sinne verhält sich ein Mensch in der Pubertät sehr ähnlich wie in der frühkindlichen Autonomiephase: Er muss fast zwanghaft in Opposition zu seinen Eltern gehen und dabei laufend Grenzen austesten, damit er sich als eigenständiges Individuum mit einem ausgeprägten Charakter erleben kann. Nicht alles, was Ihr Kind im Teenageralter an Vorlieben und Eigenschaften entwickelt, wird ihm bleiben. Weil man besonders als sehr junger Mensch oft nicht genau weiß, wer man eigentlich sein möchte, ist die einzige Möglichkeit laufendes Ausprobieren. Das funktioniert ein wenig nach dem „Trial-and-Error-Prinzip". Daher können Sie sich fast darauf verlassen, dass sich Ihr Kind im jungen Erwachsenenalter wieder mehr an Ihre eigenen Werte und Vorlieben annähern wird – schließlich waren Sie in seinen prägendsten Jahren einer der wichtigsten Einflüsse auf seine Persönlichkeit. In den Teenagerjahren zeigen Sie im besten Fall gelassenes und aufrichtiges Interesse an Ihrem Kind. Es braucht sehr intensiv das Gefühl, von Ihnen wahrgenommen und akzeptiert zu werden, auch wenn es anders ist als Sie. Tatsächlich funktioniert die Entwicklung zu einer reifen und integren Persönlichkeit am schnellsten mit der liebevollen Unterstützung von nahen Bezugspersonen. Wer in ständiger Opposition lebt, wirkt zwar oft authentischer und stärker, aber wirkliche Stärke gibt es auch im Erwachsenenalter nur innerhalb eines sozialen Gefüges.

c) Anregung und soziale Kontakte

Im Jugendalter ist das Bedürfnis nach beeindruckenden Erlebnissen, neuen Entdeckungen und intensiven Kontakten besonders groß. Je nach Temperament Ihres Kindes und auch nach der Qualität Ihrer Beziehung möchte es einen Teil dieser Erfahrungen mit Ihnen teilen – vorausgesetzt, Sie lassen sich auf seine Perspektive ein. Allerdings ist es auch absolut notwendig, dass Ihr Kind andere, eher gleichaltrige Bezugspersonen hat, mit denen es Dinge erleben kann. Sie dürfen sich für diese Bezugspersonen interessieren und Ihr Kind dazu ermutigen, auf eigene Faust loszuziehen, aber Sie können die gemeinsamen Erlebnisse des Gespanns nicht kontrollieren. Wie schon im Kleinkindalter sind auch hier tiefes Vertrauen und grundsätzliche Offenheit ein echter Trumpf. Vermitteln Sie Ihrem Kind: „Du kannst mir alles sagen, was dich beschäftigt oder beunruhigt. Ich bin dir nicht böse, wenn du einen Fehler gemacht hast."

Akzeptieren Sie es aber auch, wenn Ihr Kind Ihnen nicht alles erzählen möchte – ausgenommen sind natürlich Situationen, in denen Sie sich begründete und ernstliche Sorgen machen. Davon abgesehen ist es sehr wichtig, dass Ihr Teenager seine eigenen Erfahrungen macht und diese auch alleine verarbeiten möchte. In diesen wichtigen Jahren muss sich ein Mensch nämlich nicht nur zum eigenständigen Individuum entwickeln, er muss sich auch sein eigenes Bild von der Welt machen und dazu so viel wie möglich lernen. Lernen meint hier alle Ebenen der Weltaneignung: Rational-intellektuell, aber auch ästhetisch, sinnlich, körperlich, sozial und natürlich emotional. Für viele spannende Erlebnisse wird

Ihr Kind Sie um Erlaubnis fragen, oft schon allein deshalb, weil Sie dafür bezahlen müssen. Halten Sie die Debatte in solchen Fällen offen und überlegen Sie gemeinsam, ob eine bestimmte Party, ein Konzert oder eine Reise mit Freunden zu Ihrem Kind passt und es nicht überfordern wird. Grundsätzlich soll und darf Ihr Kind selbst entscheiden, welche Erfahrungen es machen möchte, auch wenn diese nicht ganz zum „Familienprofil" passen. Behalten Sie sich Ihr Veto also für den Ernstfall vor und verbieten Sie nicht mehr als nötig ist.

d) Bindung und Nähe

Die Bindung zu den Eltern und wichtigsten Bezugspersonen wird in der Pubertät keineswegs unwichtig, auch wenn es manchmal den Anschein hat. Zunächst ist eine liebevolle Beziehung zu Ihnen die wichtigste Voraussetzung dafür, dass Ihr Kind sich überhaupt sicher und frei in der Welt bewegen kann. Ein unternehmungslustiger Teenager, der voller Begeisterung neue Erfahrungen sammelt, erzählt also auch recht wortstark von der Liebe seiner Eltern. Die Bindung im Hintergrund ist demnach noch wichtiger für die persönliche Entwicklung als die Konflikte, die sich oft im Vordergrund abspielen. Die Widerspenstigkeit und der Zorn, den viele Kinder in der Pubertät an den Tag legen, hat außerdem nicht immer mit der aktuellen Qualität Ihrer Beziehung zu tun. Vielmehr verändert sich die Bindung in dieser Zeit sehr stark. Ihr Kind ist körperlich und psychisch nicht mehr so intensiv auf Ihre Unterstützung und Nähe angewiesen – es lernt, alleine zurechtzukommen. Durch diese emotionale Verschiebung kommt vieles an die Oberfläche, was im Kindesalter verdrängt wurde. Vielleicht hat Ihr Kleinkind des Öfteren Wut auf Sie verspürt, konnte diese aber nicht äußern, weil eine harmonische Beziehung zu Ihnen überlebenswichtig war. In der Zeit des Erwachsenwerdens ist das nicht mehr so und Ihr Kind kann diese verdrängten Konflikte endlich ausagieren. Das ist äußerst wichtig, damit die Beziehung dann schlussendlich wieder harmonisch werden kann. Lassen Sie sich also so souverän wie möglich auf diese Streitereien mit Ihrem Teenager ein; bleiben Sie ruhig und klar, ohne herablassend zu werden. Und wenn Ihr Kind nach einem heftigen Wortgefecht wieder ganz dringend Ihre Nähe braucht, lassen Sie die Kränkung nicht Überhand gewinnen. Geben Sie Ihm die Nähe, die es nach wie vor nötig hat und sprechen Sie eher nachher über eigene Verletzungen. Auch wenn Ihr Kind sehr enge Bindungen zu anderen Personen (FreundInnen oder LebenspartnerInnen) eingeht, bleiben Sie, zumal in der Pubertät, nach wie vor sehr wichtig. Die Bindung zu den Eltern wird übrigens niemals im Leben obsolet oder irrelevant; nicht grundlos neigen sehr viele erwachsene Menschen dazu, in extremer Bedrängnis nach der wichtigsten Bezugsperson in der Kindheit (meist nach der Mutter) zu rufen.

e) Ko-Regulierung

Auch in der Intensität und Geschwindigkeit der Gehirnentwicklung stehen Pubertierende Kleinkindern kaum nach. Nicht zuletzt deshalb neigen sie zu sehr heftigen emotionalen Reaktionen, die sich oft bei den Personen entladen, bei denen sie sich am sichersten fühlen – also zumeist bei den Eltern. Auch wenn Ihr Kind nun schon sehr groß ist, braucht es trotzdem Hilfe mit diesen schwierigen und manchmal noch unbekannten Emotionen. Begegnen

Sie ihm sehr respektvoll und auf Augenhöhe und geben Sie dennoch einen Rahmen vor. Die Übungen aus dem Praxisteil, die zur Ko-Regulierung von kleineren Kindern dienen, können auch bei Teenagern noch sehr wirksam sein. Einige Unterschiede zu Kleinkindern gibt es dann aber doch:

- Das Trösten und Beruhigen passieren eher auf der verbalen Ebene, die durchaus etwas komplexer werden darf; eine Umarmung kann natürlich trotzdem sein.
- Ihr Kind wird vielleicht auch mehr auf körperlicher Distanz beharren: Respektieren Sie diesen Wunsch, aber bieten Sie unaufdringlich Ihre Nähe an.
- Sie können nun auch ganz anderes Werkzeug zur Selbstregulation anbieten: Verschiedene Atemübungen oder Meditationstechniken, die Gefühle niederschreiben, rituelle Abschlüsse für schwierige und schmerzhafte Situationen finden, etc.

III. Bedürfnisse von Eltern

1. Welche Rolle spielen die eigenen Bedürfnisse in der Beziehung zum Kind?

Alle Bedürfnisse, die wir bei Heranwachsenden nun so ausführlich behandelt haben, zeigen sich in ähnlicher Form auch bei Erwachsenen. So sehr wir daran gewöhnt sind, uns – speziell als Eltern – als autarke Persönlichkeiten zu betrachten, die zwar gebraucht werden, aber nur selten brauchen, so häufig melden sich Bedürfnisse, die zu diesem Bild gar nicht passen. Die intensive Beobachtung von jüngeren und älteren Menschen bringt zwei besonders faszinierende Erkenntnisse mit sich:

a. Kinder sind deutlich weniger abhängig und viel kompetenter und eigenständiger als gemeinhin angenommen wird.
b. Erwachsene sind deutlich nähebedürftiger und deutlich weniger unabhängig als gemeinhin angenommen wird.

In anderen Worten: Die Bedürftigkeit von Kindern und Erwachsenen ist in der Ausgestaltung, also den konkreten Wünschen ungleich, aber im Ausmaß ist der Unterschied nicht so groß. Einen gravierenden Unterschied gibt es aber in der Bedürfniserfüllung: Eltern haben sich für ihre Kinder entschieden und sind deshalb für deren Bedürfnisse verantwortlich. Sie müssen sehr respekt- und liebevoll mit der großen und manchmal fast erschreckenden Abhängigkeit ihrer Kinder umgehen. Kinder sollen niemals das Gefühl bekommen, sie müssten sich zurücknehmen oder dürften nicht über ihre Bedürfnisse sprechen; das könnte der Beziehung auf Dauer schaden und den Selbstwert des Kindes unterminieren. Umgekehrt müssen Kinder keineswegs auf alle Bedürfnisse ihrer Bezugspersonen Rücksicht nehmen und können in ihrer Entwicklung stark eingeschränkt werden, wenn sie mit Wünschen und Sehnsüchten belastet werden, die ihrer Rolle nicht entsprechen. Einerseits gehört es zum unbedingten Erziehungsauftrag der Eltern, ihren Kindern auf sanfte und verständnisvolle Weise zu vermitteln, dass die Bedürfnisse anderer respektiert werden sollen und dass es eine wunderbare Sache sein kann, anderen zu helfen und ihnen Freude zu machen. Andererseits müssen sie sehr vorsichtig sein, welche Wünsche sie ihren Kindern gegenüber äußern. Je älter diese werden, desto mehr ist ihnen zumutbar. Aber bis ins junge Erwachsenenalter hinein sollte gelten: Du kannst mit allem zu mir kommen, aber ich belaste dich umgekehrt nur mit den Dingen, die ich dir sicher zumuten kann.

Einige Beispiele sollen verdeutlichen, was für Kinder verständlich und auch durchführbar ist:

- Ein sehr junges Kleinkind ab einem Jahr kann mit dem Ruhebedürfnis seiner Eltern konfrontiert werden. Sich dreißig Minuten Zeit für sich zu nehmen, in der man zwar verfügbar bleibt, aber nicht mit dem Kind spielt oder sonstige Wünsche erfüllt, ist im Alltag oft notwendig und das Kind kann die Frustration verwinden, wenn es dabei gut begleitet wird (mehr dazu im Praxisteil).
- Wenn die Eltern desselben Kindes sich aber eine längere Pause wünschen – etwa eine Woche lang – werden sie davon eher

absehen müssen. Eine so lange Trennung von den wichtigsten Bezugspersonen kann eine intensive Trauerreaktion hervorrufen und die Bindung beeinträchtigen.

- Einem vierjährigen Kind gegenüber können Eltern sehr gut ihr Bedürfnis nach Ordnung mitteilen und es bitten, das Seinige dazu zu tun. Auch wenn das Aufräumen keinen großen Spaß macht, müssen die Eltern es nicht auf sich nehmen, weil sie den Konflikt vermeiden oder das Kind nicht belasten wollen.
- Dasselbe Kind kann deshalb mit Sicherheit nicht sein schwer unordentliches Zimmer im Alleingang aufräumen. Die Konzentrationsspanne, die Selbstdisziplin und die Eigenständigkeit dazu kann es frühestens in zwei bis drei Jahren aufbringen und muss deshalb bei einer so großen Aufgabe sehr eng begleitet werden.
- Einer vierzehnjährigen Jugendlichen kann man klar sagen, wenn ihre Äußerungen als verletzend oder abwertend erlebt werden. Man kann offen über die eigenen Gefühle sprechen und sie bitten, sich auf freundlichere Weise zu äußern, da man selbst auch auf eine gute Beziehung zum eigenen Kind angewiesen ist und unter Konflikten leidet.
- Dasselbe Mädchen kann vermutlich nicht gut mit intensivem Kummer der Eltern umgehen. Wenn diese selbst unter Problemen in der Beziehung, in der Arbeit o. Ä. leiden, dürfen sie das ihrer Tochter sagen und um Verständnis bitten, sollten sich aber nicht bei ihr ausweinen. Erst erwachsene Kinder, die sich optimal abgenabelt und wichtige Bezugspersonen außerhalb der Familie haben, können den psychischen Schmerz ihrer Eltern voll aushalten und begleiten.

Die Balance zwischen einem authentischen und offenen Ausdruck und einem reflektierten und zurückhaltenden Umgang mit den eigenen Bedürfnissen zu finden ist eine ganz große Herausforderung. Man kann aber festhalten: Die allermeisten Eltern sind insgesamt zu zurückhaltend und meinen, sie dürften es ihre Kinder nicht einmal spüren lassen, wenn sie selbst Bedürfnisse haben. Genau genommen ist es genau diese Haltung, die dann oft in Überforderung und einem Hang zum Schimpfen resultiert.

2. Wie verändern sich die eigenen Bedürfnisse, wenn man Kinder hat?

Wie wir bereits gesehen haben, sind Menschen ihr gesamtes Leben hindurch ungebrochen bedürftig und auf andere angewiesen. Eine erwachsene Person kennt sich im Idealfall so gut, dass sie ihre Bedürfnisse ohne große Schwierigkeiten wahrnehmen, selbst erfüllen oder andere um die Erfüllung bitten kann. Das ist wohl einer der wichtigsten Bedeutungsaspekte des Begriffs „erwachsen“. In Wirklichkeit haben alle Menschen, egal welchen Alters, mit manchen Bedürfnissen größere Schwierigkeiten als mit anderen. Sehr häufig sind das jene Bedürfnisse, die in der Herkunftsfamilie keine große Rolle gespielt haben. Der Umgang damit ist deshalb vielleicht gehemmt, unsicher, manchmal auch destruktiv. Das äußerst sich in Verhaltensmustern, unter denen man selbst leidet oder die für die Mitmenschen schwer auszuhalten sind. Das Schimpfen ist nur eines und auch bei weitem nicht das schlimmste Muster, das aus unerfüllten Bedürfnissen resultieren kann. Zunächst wollen wir uns aber ansehen, welche Bedürfnisse erwachsene Menschen überhaupt haben und haben „dürfen“.

a) Basale Bedürfnisse

Bis zu der Zeit, da die meisten Menschen Eltern werden, haben sie schon ganz klare Gewohnheiten und Präferenzen bei der Erfüllung ihrer physiologischen Bedürfnisse. Man hat einen ungefähren Schlafrhythmus, oft einen sehr individuellen Ernährungsstil, klare Vorstellungen bei der Körperpflege und insgesamt eher unflexible Bedürfnisse. Lebt man vor der Geburt oder Adoption eines Kindes mit einem Partner/einer Partnerin zusammen, gibt es zumeist ein relativ eingespieltes Sexleben, das zur beiderseitigen Zufriedenheit führt. Mit einem Säugling oder Kleinkind muss man dann sehr plötzlich und völlig ungefragt die meisten dieser Gewohnheiten verändern. Dass ganz grundlegende Dinge wie Essen, Schlafen oder Duschen nicht mehr so laufen, wie man das gewohnt war, ist wohl eine der tiefgreifendsten Veränderungen im Leben mit einem Kind. Je nach Ernährung des Kindes (Flaschennahrung oder Stillen) bekommen die wichtigsten Bezugspersonen (zumindest aber die Person, die stillt) meist deutlich weniger Schlaf und der Tiefschlaf wird häufig unterbrochen. Zum Kochen und Essen bleibt meist wenig Zeit; wenn man es schafft, mit dem Kind vor die Tür zu kommen, ist es mitunter perfekt versorgt und die Wickeltasche zum Bersten voll, aber man selbst hat sich nicht einmal die Haare gekämmt. Das Liebesleben muss oft völlig neue Formen annehmen.

Es ist für Menschen ohne Kinder und oft sogar für einen Elternteil, der seinen Job behält und dafür weniger auf das Kind aufpasst, schwer nachvollziehbar, wie belastend es sein kann, wenn die eigenen Grundbedürfnisse so vernachlässigt werden müssen.

Bleibt das über einen langen Zeitraum so, werden die Nerven bei sehr vielen Müttern und Vätern extrem dünn. Es ist viel einfacher, nach einer ruhigen Nacht und einem vollwertigen Frühstück mit dem Autonomiestreben eines Kleinkindes umzugehen. Tatsächlich sind wir „schlechtere" Eltern, wenn wir übermüdet oder hungrig sind, uns ungepflegt oder unausgelastet fühlen und neigen viel eher zu Geistesabwesenheit, geringer Belastbarkeit – und zum Schimpfen. Wenn Sie merken, dass Ihre basalen Bedürfnisse zu kurz kommen, müssen Sie sich mehr Zeit für sich nehmen. Entscheidend ist, dass es andere nahe Bezugspersonen für Ihr Kind gibt, die sich zeitenweise um es kümmern können, damit Sie etwas Freiraum gewinnen.

b) Körperliche Autonomie

In den ersten Lebensjahren eines Kindes fühlen sich viele Eltern in ihrem Bewegungsradius stark eingeschränkt. Ein Baby möchte vielleicht häufig getragen werden und weint, wenn es abgelegt wird. Ein Kleinkind zeigt sich phasenweise sehr anhänglich und bricht in bittere Tränen aus, wenn es alleine in einem Zimmer zurückgelassen wird. Es möchte grundsätzlich überall dabei sein und bald auch mithelfen. Diese ständige Anwesenheit des Kindes bringt tatsächlich ein anderes Körpergefühl mit sich: Sie erleben sich und das Kind zeitenweise wie eine Einheit und spüren ganz körperlich, dass Sie sich nicht frei bewegen können. Vielleicht haben Sie das Kind im Tragetuch oder im Kinderwagen bei sich, zu Hause spielt es neben Ihnen am Boden. Nur wenn das Kind schläft oder von jemand anderem betreut wird, gewinnen Sie Ihre volle körperliche Autonomie zurück. Erst mit dem späteren Kindergartenalter werden viele Kinder selbst so autonom, dass sie gerne stundenweise alleine spielen und auch sonst nicht ständig Ihrer körperlichen Nähe bedürfen. Bis dahin ist es am besten, dieses ungewohnte Erleben so gut wie möglich zu akzeptieren und sich ihm sogar ein wenig hinzugeben. Ihr Kind braucht Ihre körperliche Nähe in den ersten Monaten und Jahren fast wie die Luft zum Atmen. Wenn Sie selbst für gelegentliche Pausen sorgen, in denen Sie alleine etwas unternehmen, können Sie der häufigen Nähe bestimmt auch so einiges abgewinnen.

c) Psychische Autonomie

Grundsätzlich wird das Elternsein Sie in Ihrem subjektiven Erleben und Ihrer Persönlichkeit mehr oder weniger stark verändern. Diese Transformation kann sich sehr positiv, aber auch schwierig und schmerzvoll anfühlen. Nehmen Sie sich so viel Zeit wie möglich für Ihre inneren Prozesse, schreiben Sie diese auf oder teilen Sie sich einer Vertrauensperson mit. Viele Emotionen und Impulse, die in der ersten Zeit mit einem Kind auftauchen, haben mit der eigenen Kindheit zu tun. Vielleicht verspüren Sie Trauer, Trennungsangst oder intensive Sorge, vielleicht auch Wut oder die Unfähigkeit, sich ganz auf Ihr Kind einzulassen. Geben Sie diesen Gefühlen ausreichend Raum und gehen Sie empathisch mit sich um. Zugleich können Sie achtsam und aktiv an der Beziehung zu Ihrem Kind arbeiten, wenn Sie mit ihm in Kontakt sind. Bleiben Sie sich zu allen Zeiten der Tatsache bewusst, dass Sie eine eigenständige und vielseitige Persönlichkeit sind, die unabhängig von Ihrem Kind existiert. Sie haben Interessen, Ideen, Gefühle und Träume, die mit Ihrer Elternrolle nichts zu tun haben; diese Seite an Ihnen soll auch gepflegt sein. Am Ende profitieren nicht nur Sie von Ihrer starken Persönlichkeit, sondern auch Ihr Kind.

d) Anregung und soziale Kontakte

In den westlichen Gesellschaften sind die meisten Menschen sehr daran gewöhnt, sich körperliche, intellektuelle oder ästhetische Anregung zu verschaffen, wenn ihnen danach ist. Fast jeder und jede hat eines oder mehrere Hobbies, die er oder sie mit Leidenschaft betreibt. Ein anstrengender Job kann uns oft daran hindern, uns in dem Ausmaß Abwechslung und Unterhaltung zu gönnen, wie wir das gerne würden. Ein besonders intensiver Einschnitt in die Möglichkeit, sich diesen Dingen zu widmen, ist aber mit Sicherheit die Familiengründung. Wer mit einem Baby oder einem kleinen Kind zusammenlebt, wird sich besonders dieses grundlegende Bedürfnis nicht ausreichend erfüllen können. Die Tage sind voll mit der Pflege des Kindes und mit der Erfüllung seiner Bedürfnisse. Oft kommt die eigene Ernährung und Körperpflege zu kurz – und da bleibt schon gar keine Zeit für liebgewonnene Tätigkeiten wie Sport, Musikhören oder Filmschauen. Vor allem die primäre Bezugsperson des Kindes, die sich am meisten mit ihm befasst (sehr häufig ist das die Mutter), bekommt nach einigen Monaten das Gefühl, ihre Persönlichkeit mitsamt Vorlieben und Hobbies habe sich irgendwie verflüchtigt. Das ist bis zu einem gewissen Grad normal und auch richtig so. Aber sowie man anfängt, darunter zu leiden, sollte man sich auch wieder die nötige Anregung suchen, wo immer das möglich ist. Abhängig ist das davon, ob das Kind auch stundenweise von anderen Personen betreut werden kann, sodass die primäre Bezugsperson in Ruhe ins Kino gehen, Yoga machen oder Tagebuch schreiben kann. Wenn das Kind ein wenig älter ist, kann es in manche dieser Aktivitäten auch eingebunden werden. Eine Wanderung oder ein Marktbesuch sind mit einem kleinen Begleiter/einer kleinen Begleiterin zugegeben etwas anstrengender. Aber auf diese Weise können Eltern trotzdem Körper und Geist pflegen und beschäftigen. Außerdem sind diese Unternehmungen für Kinder viel interessanter als gemeinhin angenommen wird. Insgesamt sollte man natürlich darauf achten, dass sie altersgemäß sind und inhaltlich nicht überfordern. Aber es ist eher eine gesellschaftliche Konvention als ein pädagogisches Muss, dass Konzerte, Kletterhallen und Kunstausstellungen von Kindern eher wenig besucht werden.

e) Bindung und Nähe

Die Beziehung zum eigenen Kind stellt für viele Menschen oft ein völlig neues Level an Intensität und Nähe dar. Ein „zu wenig" an sozialem Kontakt gibt es deshalb mit sehr kleinen Kindern zumeist nicht. Natürlich kann es aber sein, dass Sie Ihrem Kind gegenüber nicht die Nähe und emotionale Verfügbarkeit an den Tag legen können, die Sie sich wünschen. Das hat fast immer mit Verletzungen in der eigenen Kindheit zu tun; Sie können sich selbst oder mit professioneller Begleitung auf Spurensuche begeben und so die Bindung zu Ihrem Kind verbessern (mehr Tipps dazu im Praxisteil). Ein anderes Problem stellt eine gewisse Einseitigkeit im Kontakt mit Kindern dar: Erstens sind Sie meist die „gebende" Seite, die sehr viel Verständnis, Empathie und Ruhe aufbringen muss – erst nach einigen Jahren zeigt diese anstrengende Investition Früchte und Ihr Kind wird erste Versuche machen, Sie zu trösten oder zu verwöhnen. Zweitens kommen bestimmte soziale Dimensionen in der Beziehung zu einem Kind oft zu kurz: Der intellektuelle Austausch ist oft eher dürftig, wenn das Beobachten von Kindern und das Kommunizieren mit ihnen auch ungemein spannend sein kann; die körperliche und auch emotionale Nähe muss zwangsläufig an die Bedürfnisse des Kindes angepasst sein; und auch die gemeinsamen Aktivitäten sind mitunter recht eingeschränkt. Achten Sie also darauf, dass auch für Ihre Paarbeziehung, für weitere Familienbande und für enge FreundInnen genug Zeit bleibt, damit Sie sich als Mensch in Ihrer Gesamtheit von einigen wichtigen Bezugspersonen an- und wahrgenommen fühlen können. Das ist ausnehmend wichtig für Sie und damit auch für Ihr Kind.

3. Welche Bedürfnisse äußern sich beim Schimpfen?

Wenn Sie sich nun vor Augen halten, wie viele unterschiedliche Bedürfnisse Sie wohl haben und auch haben dürfen, kommt womöglich gleich mehr Verständnis für Situationen auf, in denen Sie schimpfen. Doch geht es bei Konflikten zwischen Eltern und Kindern nicht immer nur um das Bedürfnis nach „mehr Zeit für sich“ vonseiten der Eltern.

So vielfältig das Phänomen „Schimpfen“ ist, so vielfältig sind die Emotionen, Beziehungsdynamiken und unbewussten Prozesse, die sich dahinter verbergen und das Schimpfen auslösen. „Auslösen“ ist ein bewusst gewählter Begriff, denn das Schimpfen passiert häufig auf ganz instinktive Weise, ohne dass man sich dazu entschließt oder es ganz überlegt als Erziehungsmethode wählt. Natürlich gibt es pädagogische Haltungen, innerhalb derer Schimpfen nicht nur „erlaubt“ ist, sondern auch als sinnvoll und zielführend gilt.

Aber auf der Basis unseres gesammelten neurologischen, psychologischen und pädagogischen Wissens können wir solche veralteten Positionen getrost ausrangieren. Sie müssen sich in keiner Situation, in der Sie sich möglicherweise mit Ihrem Kind wiederfinden, verpflichtet sehen, es auszuschimpfen oder abzukanzeln – noch nicht einmal, wenn sein Verhalten grob gesellschaftlichen Konventionen widerspricht oder ihm und anderen erheblichen Schaden zufügt. Es gibt immer eine alternative Möglichkeit der Kommunikation.

Doch auch wenn wir diesem Prinzip auf der bewussten Ebene gänzlich zustimmen und es fest in unsere pädagogische Haltung integrieren, werden uns trotzdem manchmal laute und unfreundliche Worte über die Lippen kommen. Die Gründe dafür liegen oft tief in unserer Persönlichkeit verborgen und sind aufs Engste mit unserer eigenen Biographie und Erziehung verwoben. Weshalb Sie in bestimmten Situationen schimpfen, können letztendlich nur Sie selbst durch tiefe Selbstempathie und geduldige Reflexion herausfinden. Der Austausch mit einer verständnisvollen Bezugsperson oder einem Therapeuten/einer Therapeutin kann eine neue Perspektive bieten und Ihnen so ein wenig auf die Sprünge helfen, aber Sie sind und bleiben der Experte/die Expertin für Ihre eigenen emotionalen Prozesse und affektiven Impulse.

Allerdings werden Sie im Praxisteil dieses Buches nicht nur Übungen finden, die Ihnen helfen, in kritischen Situationen mit Ihren eigenen Gefühlen und Ihren Kindern verbunden zu bleiben, sondern auch herauszufinden, was sich bei Ihnen auf einer tieferen Ebene abspielt.

Es gibt eine Reihe von häufig auftretenden Situationen, sogenannten „Triggern", die bei Personen je nach Persönlichkeitsstruktur typischerweise den „Schimpfimpuls" in Gang setzen. In jeder Familie sehen diese Situationen anders aus, aber sie folgen oftmals einer bestimmten Form und die zugrundeliegenden Konflikte ähneln sich. Solche häufig auftretenden Konfliktsituationen sind etwa:

- Sie empfinden das Verhalten Ihres Kindes überfordernd oder überwältigend. Sie möchten sich aus der Situation zurückziehen und sich nicht mehr damit auseinandersetzen müssen. Begleitet wird dieser Wunsch nach einem Rückzug von Gefühlen der Verzweiflung, der Erschöpfung und der Wut. Schimpfen erscheint als ein Weg, dieses überfordernde Verhalten zu beenden. Typischerweise treten solche Probleme nach einem langen Tag am Abend oder in einer Situation mit Zeitdruck (etwa wegen eines wichtigen Termins) auf. Häufig liegt der Grund für Ihre negativen Gefühle in einer Überreizung und in einem überbordenden Bedürfnis nach einer ruhigen Auszeit. Der zugrundliegende Konflikt basiert also darauf, dass Sie Ihre eigenen Bedürfnisse zu lange Zeit ignoriert haben und Ihre „Batterie" einfach leer ist.

→ *Identifizierbare Bedürfnisse: Ruhe, Erholung, körperliche und psychische Autonomie, Selbstentfaltung*

Sie fühlen sich von Ihrem Kind in Ihrem Selbstwert angegriffen. Durch sein Verhalten oder seine Äußerungen scheint es Ihre elterliche Autorität zu unterminieren. Womöglich gewinnen Sie sogar den Eindruck, Ihr Kind würde Sie nicht lieben und Ihre Beziehung wäre brüchig oder oberflächlich. Sie fühlen sich womöglich gekränkt und beleidigt, hilflos und wütend, unter Umständen auch traurig und verletzt. Das Schimpfen hat hier einen defensiven Charakter – Sie versuchen, Ihre Person vor Kränkungen zu schützen.

Solche Situationen ergeben sich oft im Streit oder etwa, wenn Sie Ihrem Kind einen bestimmten Wunsch verwehren. Dann fallen mitunter auch Schimpfwörter und Sie sind die „blöde Mama" oder der „bescheuerte Papa". Es kann auch sein, dass Ihr Kind vor lauter Frustration handgreiflich wird.

Unbewusst spielen hier tatsächlich eigene elterliche Selbstwertkonflikte hinein, die sich oft im Wunsch äußern, von allen – vor allem von den Allernächsten – immer gemocht und geschätzt zu werden. Tatsächlich, so viel sei hier schon verraten, hat ein solch uncharmantes Verhalten Ihres Kindes äußerst selten mit mangelnder Liebe zu tun. Vielmehr ist es ein Zeichen der Zuneigung, denn bei einer Person, bei der es sich nicht sicher fühlt, wird ein Kind kaum so ausrasten.

→ *Identifizierbare Bedürfnisse: Verbundenheit, Nähe, Harmonie, Respekt*

- Ihr Kind verhält sich auf eine Weise, die Ihren Werten widerspricht. Aufkeimende Gefühle sind Ärger, Enttäuschung, in einer öffentlichen Situation oft auch Scham. Sie fühlen sich dann vielleicht sogar zum Schimpfen getrieben, weil Sie das bewusste Verhalten einfach nicht tolerieren können. Das kann zum Beispiel der Fall sein, wenn Ihr Kind andere Personen beschimpft oder schlägt, Gegenstände unachtsam behandelt oder sogar bewusst zerstört, Tiere quält oder verschwenderisch mit Essen umgeht. Wenn dieses Verhalten wirklich Ihren innersten Werten widerspricht, ist ein Konflikt hier unumgänglich. Es ist ausnehmend wichtig, dass Sie sich als Eltern Ihrer Werte bewusst sind und diese auch kommunizieren. Allerdings ist Ihr Kind nicht verpflichtet, diese Werte zu teilen. Das kann Anlass für eine Diskussion und auch für das Ziehen von klaren Grenzen sein; das Schimpfen wird allerdings nicht dabei helfen, dass Ihre Kinder Ihre Werte akzeptieren oder sogar teilen lernen.

→ *Identifizierbare Bedürfnisse: Harmonie, Frieden, Ordnung, Sicherheit*

- Ihr Kind verhält sich auf eine Weise, die Ihnen als Kind nicht gestattet war und die Sie sich auch heute nicht gestatten. Ein solcher Konflikt äußert sich oft in einem sehr impulsiven und auch für Sie selbst schwer nachvollziehbaren Drang zu Schimpfen. Die Vorbildwirkung und Identifikation mit den eigenen Eltern ist eine der stärksten psychischen Dynamiken überhaupt und sie kann auch nach vielen Jahrzehnten die eigenen Prinzipien völlig außer Kraft setzen. Diese Impulse entstehen nicht selten dann, wenn es etwa um fehlende Manieren oder unhöfliches Verhalten geht, für das wir selbst als Kinder häufig gemaßregelt wurden. Auch in der Sexualerziehung haben die Bewertungen unserer Eltern of massiven Einfluss und wir können uns ihnen nur schwer entziehen. Wenn es Ihnen schwerfällt, die Gründe für dieses fast zwanghafte Schimpfen festzumachen, kann eine kleine Reise in die eigene Kindheit oft sehr aufschlussreich, wenn auch mitunter etwas schmerzhaft sein.

→ *Identifizierbare Bedürfnisse: Akzeptanz und Liebe (von den eigenen Eltern), Ordnung, Sicherheit*

- Damit verwandt sind Situationen, in denen Ihr Kind gegen gesellschaftliche Konventionen verstößt und Sie sich für es schämen. Oftmals fühlt man sich dann verpflichtet zu schimpfen, um das eigene Gesicht zu wahren und nach außen zu vermitteln: Dieses Verhalten hat mein Kind nicht von mir gelernt und ich toleriere es auch nicht. Hier geht es ebenfalls oft um „Unhöflichkeiten", aber auch um Verhalten, das vermeintlich nicht alterskonform ist oder dem biologischen Geschlecht nicht entspricht. Sehr häufig sind auch hier die eigenen Unsicherheiten in Bezug auf die Meinung anderer und Selbstwertprobleme im Spiel. Grundsätzlich ist das Schimpfen vor anderen Menschen zu vermeiden, weil es bei Ihrem Kind wiederum ähnliche Probleme (fehlende Selbstachtung und Angst vor der Meinung anderer) auslösen kann.

→ *Identifizierbare Bedürfnisse: Akzeptanz von Außenstehenden, Einbindung in eine Gemeinschaft, Respekt*

All diesen Situationen, die ja nur Beispiele für die enorme Vielfalt des Erziehungsalltags sind, ist eines gemeinsam: Eine persönliche Grenze wird überschritten. Das Schimpfen bekommt so eine Schutzfunktion für die eigene Person. Ihr Bedürfnis oder Ihr Wunsch nach Wertschätzung, nach Struktur oder einfach nach einer kleinen Pause wird nicht wahrgenommen und Sie wehren sich dagegen. Insofern ist das Schimpfen zunächst eine gesunde

Reaktion, weil es bedeutet, dass Sie Ihre eigenen Bedürfnisse nicht unterdrücken – allerdings kann es Ausdruck dafür sein, dass Sie ein bestimmtes Bedürfnis eine zu lange Zeit ignoriert haben. Wenn Sie die Trigger-Situation und Ihre Reaktion später reflektieren, können Sie herausfinden, welche inneren Konflikte und Gefühle sich bei Ihnen gemeldet haben, ob Sie Ihre Kinder wirklich dafür verantwortlich machen können (zumeist ist das nicht der Fall) und welche Möglichkeiten Sie haben, mit Ihren Bedürfnissen gut umzugehen.

4. Welche Bedürfnisse haben einen Platz im Familienalltag und welche nicht?

Wie wir gesehen haben, werden innere Konflikte und Wut auf die eigenen Kinder von sehr komplexen und oft unbewussten Bedürfnissen ausgelöst. Der allererste Schritt, um eine Situation, die das Potenzial zum Schimpfen und zur Eskalation hat, zu entschärfen ist daher Selbstempathie. Wenn Sie (vielleicht erst später in einer ruhigen Minute) herausgefunden haben, welche Gefühle, Bedürfnisse und Wünsche hinter Ihrer Aggression stecken, können Sie in einem nächsten Schritt überlegen, ob Sie diese mitteilen möchten. Es bedarf schon großen Mutes, sich den oft gut verborgenen Emotionen überhaupt zu stellen und nicht immer ist der Umgang damit leicht. Sich dann noch weiter zu öffnen kann sehr herausfordernd und auch schmerzhaft sein. Im Praxisteil finden Sie detaillierte Übungen, die Ihnen helfen können, mittels Achtsamkeit und Selbstempathie etwas über die eigenen Motive herauszufinden. Trotzdem kann es immer sein, dass Sie dabei etwas

Begleitung benötigen.
Schwierig und überfordernd können Ihre Emotionen aber nicht nur für Sie, sondern auch für Ihre Familie sein. Das ist insbesondere dann der Fall, wenn Sie merken, dass es Ihnen eigentlich nicht um eine aktuelle Situation, sondern eine psychische Verletzung geht, die vielleicht schon länger zurückliegt. Die konkrete Situation, in der Sie vielleicht geschimpft haben, war dann kein Problem an sich, sondern ein „Trigger". Dieser Begriff, der in der Psychologie häufig verwendet wird, lehnt sich an das englische Wort für „Auslöser" (bei einer Kamera, einer Waffe oder einem anderen technischen Gerät) an. Seinen Ursprung hat das Konzept des „Triggers" eigentlich in der Traumatherapie. Bestimmte Reize (Gerüche, Geräusche, aber auch konkrete soziale Situationen) können bei traumatisierten Personen einen Flashback, also eine unwillkürliche und sehr intensive Erinnerung an das traumatische Erlebnis auslösen. Das ist dann ein Trigger. Im Familienalltag hat nun nicht jede instinktive emotionale Reaktion einen traumatischen Hintergrund, obwohl das natürlich vorkommt. Es gibt ganz einfach soziale Situationen, die unseren Selbstwert, unsere Integrität, unsere emotionale Stabilität und Sicherheit bedrohen und in denen wir dann instinktiv reagieren. Für Reflexion und Empathie fehlt oft schlichtweg die Zeit – unser „Reptiliengehirn" (das limbische System) ist schneller. Allerdings baut sich diese innere Spannung manchmal über eine gewissen Zeit auf, von wenigen Minuten bis hin zu Tagen oder Wochen. Wenn Sie Ihre Aufmerksamkeit auf Ihre Gedanken und Gefühle richten, merken Sie vielleicht schon früher einen schwelenden Ärger und können gut darauf reagieren, bevor Sie explodieren und losschimpfen.

Wir halten also fest: Ein „Trigger" ist ein äußerer Reiz, der eine traumatische Erinnerung samt den überwältigenden Gefühlen der Ohnmacht und Angst evoziert. Nicht immer haben unsere instinktiven Reaktionen unseren Kindern gegenüber einen so dramatischen Hintergrund. Behelfsmäßig bleiben wir aber beim Trigger-Begriff, weil er einen sehr wichtigen Punkt in unserer Erfahrung benennen und erklären kann:

- Ein äußerer Reiz tritt auf – das kann im Konflikt mit Ihren Kindern ein bestimmtes Wort, aber auch eine Verhaltensweise oder ein Muster in der Kommunikation sein; Ihr Kind weint, klammert sich an oder hat einen Wutanfall; es trödelt (scheinbar) absichtlich, etc.
- Sie merken, dass Sie darauf instinktiv reagieren, das heißt, Sie fühlen eher körperlich, was der Reiz bei Ihnen auslöst und können sich dem Handlungsimpuls (z.B. zu schimpfen) kaum entziehen.
- Parallel zur Handlung oder danach fühlen Sie gleichzeitig eine Art innere Disharmonie: Sie haben ein schlechtes Gewissen, schämen sich oder ärgern sich über sich selbst. Das bedeutet, Sie haben entgegen Ihrer Werte und Ihrer Intuition gehandelt und können die Motive für Ihr Handeln kaum greifen oder benennen.

Mit „Trauma-Triggern" gemein hat dieses Reiz-Reaktions-Schema die intensive Körperlichkeit. Die Therapeutin und Autorin Philippa Perry meint, wir hätten eine sehr intensive körperliche Erinnerung an die Interaktion mit unseren Eltern in der Kindheit.

Wenn wir nunmehr selbst Eltern geworden sind, spiegeln wir ihr Verhalten und ihre Handlungen auf ganz instinktive, körperbasierte Weise, ohne auch nur im Geringsten darüber nachzudenken. [xxiii] Unsere Kinder werden dann zu Spiegeln unserer selbst und sind deshalb unsere zweitwichtigste Erkenntnisquelle, wenn es darum geht, unsere Trigger zu verstehen. Besonders intensiv zeigt sich diese „Körpererinnerung" in Situationen, in denen wir unseren Kindern gegenüber ablehnende Gefühle haben. Meist lehnen wir nicht das Gegenüber selbst ab, sondern die schmerzvollen Gefühle, die es in uns auslöst. Um also im Alltag mit Ihrem Kind nicht mehr so häufig „getriggert" zu werden, gibt es keinen anderen Weg, als Ihrem kleinen Selbst einen Besuch abzustatten und herauszufinden, was denn da so wehtut. Dieser Weg ist weder einfach noch schnell zu bewältigen, aber seine Sinnhaftigkeit zeigt sich in einer ungleich tieferen und lebendigeren Beziehung zu unseren eigenen Kindern.

IV. Die praktische Umsetzung

Nachdem wir uns nun so intensiv damit beschäftigt haben, was Eltern und Kinder füreinander sind und welche immense Bedeutung ihre Bedürfnisse in dieser grundlegendsten aller Beziehungen haben, wollen wir uns ansehen, wie die konkrete Interaktion in der Familie verbessert werden kann. Sie finden erst einige allgemeine Ideen dazu, wie die Gewaltfreie Kommunikation und andere sinnvolle Methoden sich praktisch umsetzen lassen. In diesem Abschnitt sind auch eine Reihe von Übungen versammelt, die Ihnen helfen sollen, in besseren Kontakt mit Ihren eigenen Gefühlen und Bedürfnissen zu kommen. Dann sehen wir uns eine Reihe von beispielhaften Alltagssituationen an, in denen die Gewaltfreie Kommunikation einen echten Unterschied machen kann. Zuletzt habe ich für Sie noch einige Tipps zusammengestellt, die Ihnen auf schnelle und einfache Weise im Alltag helfen sollen.

1. Wie lässt sich Gewaltfreie Kommunikation sinnvoll in den Familienalltag integrieren?

Eltern und andere Bezugspersonen haben an der Gewaltfreien Kommunikation oft einen konkreten Punkt zu bemängeln: Sie fühlen sich bei der Ausführung des „Protokolls“ unwohl und unauthentisch, die neue Art der Gesprächsführung kommt ihnen unnatürlich vor. Wo man bisher eher ein wenig salopp mit den eigenen Kindern umgegangen ist, Bedürfnisse in Form von Anweisungen geäußert und auch sonst eher effizient kommuniziert hat, kann sich die Gewaltfreie Kommunikation sperrig und ein wenig humorlos anfühlen. Das ist durchaus ein ernstzunehmendes Problem, besonders für eher introvertierte Eltern, die ungern viele Worte machen und vielleicht sogar Schwierigkeiten haben, die eigenen Bedürfnisse zu erkennen und zu äußern. Rosenberg selbst zitiert zu dieser Frage Gandhi, der meinte, wir möchten nicht „natürlich" mit „habituell", also gewohnheitsmäßig, verwechseln. [xxiv] Diese neue Form, mit den eigenen Kindern (wie auch mit dem Partner, mit Freunden, ArbeitskollegInnen usw.) zu sprechen, mag ungewohnt und fremd sein, unangenehme Gefühle auslösen oder uns ein wenig ins Stottern bringen. Das hat zu einem beträchtlichen Teil damit zu tun, dass wir besonders unseren Kindern gegenüber zumeist keine Bedürfnisse äußern, und wenn, dann häufig in sehr genervtem und wenig respektvollem Ton („Es reicht, ich brauche jetzt wirklich eine Pause von diesem ständigen Geschreie!"). Aber wir nehmen sie sehr selten als Personen wahr, denen unsere Bedürfnisse zumutbar und vielleicht sogar wichtig sind. Dabei haben schon sehr kleine Kinder (im Alter von etwa drei Jahren) die Fähigkeit, empathisch mit den Bedürfnissen und Gefühlen anderer Menschen umzugehen, wenn man sie dafür sensibilisiert. Es mag also ungewohnt sein, diese unsere Verletzlichkeit und Bedürftigkeit zu offenbaren, wenn das Gegenüber vielleicht erst vier oder fünf Jahre alt ist – aber es ist bestimmt nicht unnatürlich, sondern kann eine wunderbare neue Verbundenheit zwischen Eltern und Kind schaffen. Plötzlich hat auch Ihr Kind die Fähigkeit, für Sie zu sorgen und auf Sie Rücksicht zu nehmen. Und was für eine wunderbare Erfahrung das ist, die Sie ihm da ermöglichen! Wenn sich die neue Sprache in wenig „eingebürgert" hat, also habituell geworden ist, fühlt sie sich häufig intuitiv richtig und gut an.

Allerdings ist das Einüben neuer Gewohnheiten etwas vom Schwierigsten überhaupt, denn dazu müssen wir uns sozusagen auf neuronaler Ebene umkrempeln: Denk-, Kommunikations- und Verhaltensmuster bestehen oft schon seit der Kindheit und sind so tief in unseren Körper eingeschrieben, dass wir mit bewussten Überlegungen und Absichten einfach nicht schnell genug sind, um dagegen anzukommen. Und besonders schwierig ist es, in Stresssituationen anders als gewohnt zu reagieren: Sind wir unter großem Druck, übernimmt der älteste Teil unseres Gehirns, der Hirnstamm und besonders die Amygdala die Führung und die Ratio tritt völlig in den Hintergrund. Der Anspruch, zuerst unser Konfliktverhalten zu ändern, kann deshalb ziemlich überfordernd wirken. Eine ganze Familie auf einen gewaltfreien und einfühlsamen Umgang miteinander einzuschwören ist ein langwieriger Prozess und je stärker die Kommunikations- und Beziehungsmuster verfestigt sind, desto mehr Zeit und Mühe kostet die Umstellung. Am besten ist es daher, in kleinen Schritten vorzugehen und ebenso auch die kleinen Veränderungen anzuerkennen.

Sie können die Gewaltfreie Kommunikation etwa nach diesem Schema in ihrer Familie einführen:

1. Schritt: Beginnen Sie, in stressfreien Situationen ruhig und auf authentische Weise eigene Gefühle und Bedürfnisse zu benennen. Wenn Sie gerade auf einer gemeinsamen Unternehmung sind, können Sie etwa sagen: „Das ist jetzt richtig gemütlich, ich fühle mich total wohl. An solchen Tagen merke ich, dass ich manchmal eine Auszeit brauche, in der ich einfach Zeit mit dir/euch verbringen kann.“

2. Schritt: Beobachten Sie, welche Gefühle, Bedürfnisse und Wünsche Sie bei Ihrem Kind ausmachen können. Belassen Sie die Deutungshoheit aber immer bei ihm. Beginnen Sie am besten mit positiven Gefühlen und gehen Sie dann zum Benennen von negativen Gefühlen über, wenn Sie sich selbst ruhig und sicher fühlen. Diese Art der Kommunikation wird schon in dieser Form sehr hilfreich für Ihr Kind sein, wenn es sich überwältigt, traurig oder wütend fühlt. Wenn Sie ihm dann nämlich sagen: „Ich sehe, dass du gerade richtig sauer bist. Ich glaube, du wolltest noch länger am Spielplatz bleiben. Das verstehe ich gut, es hat solchen Spaß gemacht“, fühlt Ihr Kind sich wahrgenommen, und das nimmt einen Gutteil des emotionalen Drucks weg.

3. Schritt: Gehen Sie dann langsam dazu über, eigene Wünsche zu benennen, oder Lösungen anzubieten, wenn Ihr Kind unglücklich ist.

4. Schritt: Die Königsdisziplin ist dann die Anwendung der Gewaltfreien Kommunikation in Konfliktsituationen, in denen Sie selbst sehr emotional sind. Das braucht eine lange Vorbereitungszeit und wird auch dann nicht immer gelingen. Mit den Übungen, die im nächsten Kapitel folgen, können Sie sich darauf langsam und fundiert vorbereiten.

2. Wie Sie mit Ihren eigenen starken Emotionen umgehen können

Wenn Sie dazu neigen, mit Ihrem Kind zu schimpfen, obwohl Sie das eigentlich nicht möchten, müssen Sie zuallererst empathisch und liebevoll mit sich selbst umgehen. Das ist die wichtigste Voraussetzung dafür, dass Sie sich auch Ihrem Kind gegenüber so zeigen können.

In diesem Abschnitt finden Sie daher eine Reihe von einfacheren und schwierigeren Übungen und Strategien, um mit Ihrer eigenen Wut, Angst, Trauer oder Frustration umgehen können. Es mag vielleicht verwunderlich sein, dass es nicht nur Ärger oder Wut sind, die das Schimpfen auslösen können. Tatsächlich kann eine Person sich hinter einem vehementen und sogar gewaltvollen Auftreten sehr ängstlich, klein und verletzt fühlen. Das gilt für Sie selbst ebenso wie für Ihr Kind.

Dazu muss man sich vor Augen führen, dass Aggression als Verhaltensmechanismus bei Tieren und Menschen ursprünglich zum Selbstschutz dient – und nicht dazu, anderen wehzutun. Wenn Sie dazu neigen, Aggression als etwas Negatives zu bewerten, das Sie bei sich selbst und anderen Menschen nicht tolerieren, kann diese Perspektive sehr hilfreich sein. Hinter dem Wutausbruch eines Dreijährigen steckt ebenso ein unerfülltes Bedürfnis wie hinter dem Schimpfen seiner Mutter. Insofern ist ein gewisses Maß an Aggression auch als gesund und wichtig zu bewerten und darf weder bei einem Kind noch bei einem/r Erwachsenen unterdrückt werden.

Die Herausforderung ist es aber, einen positiven, konstruktiven Umgang mit der eigenen Aggression zu finden. Zunächst können wir aggressive, wütende Impulse als Warnsignale an uns selbst verstehen. Oft ist es unser Körper, der uns zu verstehen gibt: Achtung! Hier wird eine Grenze überschritten – du musst gut auf dich selbst achten! Im Übrigen gilt: Je besser Sie sich selbst und Ihre Bedürfnisse kennen und je wertschätzender Sie damit umgehen, desto weniger Aggression wird nötig sein. Der Weg zu einem so ausgeglichenen Dasein ist aber nicht einfach und braucht seine Zeit. Die folgenden Übungen und Strategien können Ihnen und auch Ihren Kindern zunächst dabei helfen, Ärger, Wut, Angst und andere Affekte zu identifizieren und langsam einen konstruktiven Umgang damit zu finden.

Strategie 1: Durchatmen!

Diese grundlegendste aller Körperfunktionen ist so selbstverständlich, dass wir uns ihrer Bedeutung für unser Wohlbefinden gar nicht bewusst sind. Durch sehr bewusstes Atmen können wir tatsächlich Ruhe für unseren angespannten Körper und unseren aufgewühlten Geist schaffen. Bei Wut und Angst ist tiefes Bauchatmen angesagt: Stellen Sie sich beim Einatmen vor, dass Sie in den tiefsten Punkt ihres Bauchraums atmen und fühlen Sie, wie Ihre Bauchdecke sich hebt. Vor dem Ausatmen können Sie eine kleine Pause machen. Dann atmen Sie deutlich länger aus als ein (gerne auch durch den Mund). Fortgeschrittene BauchatmerInnen können dabei auch mitzählen. Bewährt hat sich besonders die 4-7-8-Atmung: Dabei atmen Sie vier Sekunden lang ein, halten dann sieben Sekunden lang den Atem an und atmen acht Sekunden lang aus.

Diese Übung können Sie schon ab einem Alter von drei bis vier Jahren Ihrem Kind zeigen und damit eine einfache Strategie zur Selbstregulierung anbieten. Es mögen noch einige Jahre ins Land ziehen, bevor es dann in einem emotionalen Moment in der Lage ist, diese Strategie abzurufen, aber früh übt sich.

Strategie 2: Körperscan

Ärger und Wut sind, ähnlich wie Angst, Gefühle, die sich stark im Körper zeigen. Vielleicht merken Sie sogar bald, dass sich Ihr Körper anzuspannen beginnt, bevor Sie überhaupt wissen, dass Sie sich ärgern. Bei den ersten Anzeichen von Stress, Frustration oder Wut gehen Sie deshalb verschiedene Bereiche Ihres Körpers von oben bis unten (oder auch umgekehrt oder von der Peripherie bis zum Zentrum) durch und achten auf Ihre Empfindungen. Diese können z. B. sein:

- eine gerunzelte Stirn
- angespannte Kiefer, vielleicht sogar zusammengebissene Zähne
- eine angespannte Zunge
- eine Enge im Hals
- verkrampfte Schultern, oft ist der ganze Rücken betroffen
- ein schnell schlagendes Herz
- schnelles, oberflächliches Atmen
- geballte Fäuste oder nervöse Finger und Hände
- ein ungutes Gefühl in der Magengegend, manchmal auch Übelkeit
- Bauchschmerzen
- Bewegungsimpulse in den Beinen, die sich etwa als Wippen äußern

Durch den achtsamen Umgang mit Ihrem Körper kommen Sie gut mit sich selbst in Verbindung und das reicht mitunter schon aus, um etwas ruhiger zu werden. Wenn Sie etwas geübter im Körperscan sind, können Sie auch versuchen, angespannte Bereiche bewusst zu entspannen.

Auch diese Übung kann Kindern guttun, die häufig mit großen Emotionen zu kämpfen haben (also mehr oder weniger allen Kindern). Sie können das Thema gerne spielerisch angehen und zum Beispiel fragen: „Wenn du wütend bist, wie fühlt sich das dann in deinem Bauch/in deinem Gesicht/in denen Armen an?" Wenn diese Art der Körperachtsamkeit in der Familie gut etabliert ist, können Sie dazu übergehen, auch in Stresssituationen darauf zurückzukommen. Außerdem hilft dieses Strategie Kindern, anhand von Körpersignalen ihre Emotionen und Bedürfnisse zu erkennen.

Strategie 3: Körperliche Spannung abbauen

Wenn Sie in Stresssituationen bemerken, dass Ihre Muskulatur sehr angespannt ist, kann bewusste Entspannung helfen. Das ist aber nicht immer möglich, und dann muss die Spannung abgebaut werden – das ist der natürlichste Weg, damit umzugehen. Jegliches aggressive oder destruktive Verhalten dient ursächlich dem Spannungsabbau. Allerdings ist es natürlich geboten, dies auf eine Weise zu tun, die niemandem wehtut und bei der keine Objekte zu Bruch gehen. Hilfreich ist etwa heftiges Aufstampfen mit den Füßen, in die Hände klatschen oder in weiche Gegenstände boxen. Auch ein lauter Schrei kann sehr effektiv inneren Stress abbauen. Kindern sind diese Methoden meist sehr vertraut und sie wenden sie selbst instinktiv an, wenn sie wütend sind (zurückhaltende Kinder können dazu angeregt werden, ihre Wut und Angst auf diese Weise loszuwerden). Allerdings kann es schon ein wenig einschüchternd sein, wenn die wichtigsten Bezugspersonen plötzlich so heftig reagieren. Deshalb erklären Sie Ihrem Kind bestenfalls immer, was Sie da tun und weshalb, etwa: „Ich habe mich gerade ärgern müssen, deshalb habe ich ein paarmal fest gestampft. Ich war nicht auf dich böse, mir war nur alles ein bisschen zu viel. Jetzt fühle ich mich schon besser." Trotzdem kann es sehr schwierig sein, sich vor den eigenen Kindern so gehen zu lassen. Sie können deshalb auch gut vor die Tür gehen, wenn Sie sich ein wenig abreagieren müssen – oder aber auf andere Strategien zurückgreifen.

Strategie 4: Die Situation verlassen

Es soll gleich gesagt sein, dass diese Methode zum Stressabbau für Kinder recht verunsichernd sein kann, vor allem wenn sie noch klein sind. Körperlich und emotional für Ihr Kind verfügbar zu bleiben, wenn es ihm gerade nicht gut geht, ist der Grundstein für eine sichere Bindung. Aber es gibt Situationen, wo der Kontaktabbruch besser zu verkraften ist als die Alternative. Wenn Sie also merken, dass Ihre Wut Sie zu überwältigen droht, ist es sehr legitim, kurz aus dem Zimmer zu gehen. Idealerweise bleibt Ihr Kind dabei mit einer vertrauten Person zurück, etwa mit einem anderen Elternteil, einem Geschwisterkind o. Ä. Aber es ist auch vertretbar, das Kind in einer sicheren Situation kurz alleine zu lassen (einen Säugling etwa in seinem Bettchen, ein jüngeres Kleinkind in einem Laufstall). Kündigen Sie an, dass sie hinausgehen: „Ich fühle mich wütend und muss jetzt kurz hinaus gehen.

Deine Mama/dein älterer Bruder/dein Opa bleibt bei dir. Ich komme gleich wieder zurück." Wenn Sie sich draußen wieder beruhigt haben, gehen Sie beim Zurückkommen direkt in Kontakt. Sie können Ihrem Kind eine Umarmung anbieten oder ihm die Hand auf den Rücken legen und nochmals erklären, wieso Sie gerade das Zimmer verlassen haben. Ihr Kind kann anhand Ihres Vorbilds lernen, wie man unangenehme Situationen unterbrechen kann, ohne verletzend zu werden. Letztens ist diese Strategie ein sehr souveräner Weg, mit großer Wut umzugehen. Sie sollten Ihr Kind allerdings nicht zu einer „Auszeit" zwingen oder es alleine in ein anderes Zimmer bringen, wenn es wütend ist. Sofern Sie sich gut in der Lage fühlen, mit seinem Ärger umzugehen, sollten Sie immer verfügbar bleiben und Ihr Kind durch die Krise begleiten.

Strategie 5: Den eigenen Gedankenfluss beobachten

Für diese Übung ist man idealerweise schon ein wenig fortgeschritten in der Achtsamkeit für das eigene Selbst. Beginnen Sie ruhig damit, in Entspannung für kurze Zeit auf Ihre Gedanken zu achten. Die Entwicklungspsychologin und Bloggerin Kaitlin Klimmer empfiehlt, sich im Alltag einen Wecker zu stellen, der mehrmals pro Tag daran erinnert, jetzt die Aufmerksamkeit auf das eigene Innere zu richten. Nach einigen Tagen und Wochen der Übung können Sie dies dann auch in angespanntem Zustand tun. Diese Praxis ist für viele Menschen ebenso aufschlussreich wie schwierig, denn in unseren automatisch ablaufenden Gedanken spiegelt sich besonders intensiv die eigene Kindheit. Nicht umsonst meinen viele Eltern, mitunter die Stimme der eigenen Mutter oder des eigenen Vaters zu hören; manchmal kann es auch eine Stimme sein, die einfach die Summe der gesellschaftlich vorgegebenen Normen widerspiegelt, die wir verinnerlicht haben. So klingt diese Stimme mitunter: „Es ist wirklich unmöglich, dass ein Kind in diesem Alter sich so benimmt. Das muss ich unterbinden. Ich habe wirklich überhaupt keine Lust, dass andere Leute das mit ansehen müssen. Wir sollten sofort nach Hause gehen." Es kann sein, dass unsere Gedanken gar nicht dem Erziehungsideal entsprechen, das uns vorschwebt. Trotzdem beeinflussen sie unsere Emotionen und auch unsere Handlungen, Wenn Sie diese negativen Gedankenspiralen identifiziert haben, können Sie sich innerlich davon distanzieren. Das bedeutet z. B., sich statt einer empörten Haltung zu einer verständnisvollen zu entscheiden und Gedanken mit verurteilendem Inhalt mit empathischen Gedanken zu ersetzen. Mit einem Kind im Schulalter können sie diese Übung gerne ausprobieren. Allerdings müssen Sie eine sehr vertraute und respektvolle Beziehung zu ihm pflegen, denn es ist nicht leicht, die innersten Gedanken zu teilen. Wenn Sie meinen, Ihr Kind ist dazu bereit, können Sie etwa fragen: „Welche Gedanken hast du, wenn du dich so über mich ärgern musst?" und Sie können Ihrerseits auch über eigene Gedanken erzählen.

Strategie 6: Die früheste Erinnerung

Wenn Sie sich einmal sehr ruhig und entspannt fühlen, können Sie diese Methode nutzen, um mit Ihrem inneren Kind in Kontakt zu kommen. Dazu müssen Sie sich bewusst machen, dass die Summe Ihrer Kindheitserfahrungen Sie aufs Tiefste prägen. Vor allem die verletzten Anteile der kleinen Person, die Sie einmal waren, sind oft noch sehr lebendig, wenn Sie sich ihnen zuwenden. Am besten sind Sie in einer leichten Trance, wenn Sie an ihr jüngeres Ich zurückdenken (das bedeutet ganz einfach, dass Sie ihre unmittelbare Umgebung zum Teil ausblenden und ein wenig ins „Träumen" kommen). Überlegen Sie, welche Ihre früheste Erinnerung ist. Welche Emotionen verbinden Sie mit dieser Erinnerung? Wie ging es dem kleinen Kind damals? Was brauchte es? Wurden seine Bedürfnisse beachtet? Je öfter Sie sich diese oder andere frühe Erinnerungen ins Gedächtnis rufen, desto inniger wird die Verbindung zu Ihrem inneren Kind – und das ist letztlich notwendig, um auch im Hier und Jetzt mit Ihrem eigenen Kind in Kontakt zu kommen.

Hinweis: Es kann gut sein, dass Sie auf eine sehr freudvolle Erinnerung stoßen, die Sie einfach genießen können. Häufig sind unsere frühesten Erinnerungen aber mit negativen Gefühlen wie Angst, Verunsicherung oder Traurigkeit verbunden. Wenn Sie sich mit solchen Emotionen konfrontiert sehen, versuchen Sie, diese einfach zu empfinden und dabei verständnisvoll mit dem Kleinkind umzugehen, das die Gefühle ursprünglich hatte. Ist die Erinnerung aber zu schmerzhaft, versuchen Sie rasch in die Gegenwart zurückzukommen und sich dann zu beruhigen oder abzulenken. Womöglich fühlen Sie sich besser, wenn Sie diese Erinnerung dann mit einer nahen Bezugsperson oder einem/r Therapeuten/in bearbeiten. [xxv]

Strategie 7: Empathie mit Ihrem inneren Kind

Ein verständnisvoller, positiver Umgang mit Ihrem eigenen Kind ist in vielerlei Hinsicht ein Willensakt: Sie können sich selbst dazu bringen, ruhig zu bleiben und sich bewusst in Ihr Kind hineinversetzen, um seine Bedürfnisse zu verstehen. Sie kommen mit Ihrem Willen aber nur bis zu einem gewissen Punkt – und sie werden immer wieder gegen eine Wand stoßen. Es ist gut möglich, dass Sie diese emotionale Mauer selbst hochgezogen haben, um sich vor unerfüllten Bedürfnissen und schmerzhaften Gefühlen aus der eigenen Kindheit zu schützen. Dann müssen Sie versuchen, dieses kleine Wesen vor Ihnen zu verstehen, indem Sie sich dem kleinen Wesen in Ihnen zuwenden. In einer herausfordernden Situation oder Phase mit Ihrem Kind können Sie sich also ganz bewusst sich selbst als Kind in diesem Alter vorstellen. Fragen Sie sich: Was hat dieses Kind gebraucht? Wie hat es sich gefühlt? Wie sollte ich mit ihm umgehen? Auch hier ist es möglich, dass Emotionen hochkommen, die Sie nur schwer aushalten können. Verschieben Sie das Rendezvous mit Ihrem inneren Kind dann auf einen anderen Zeitpunkt. Sie werden aber überrascht sein, wie oft der Kontakt zu Ihrem kindlichen Selbst klappt und welch tiefe Einsichten Sie daraus gewinnen können. Womöglich sehen Sie dann erst, wie viel Ihr Kind von Ihnen geerbt hat. Vielleicht wird Ihnen aber auch bewusst, dass Sie selbst andere Charakterzüge als Ihr Kind hatten. Das kann an unterschiedlichen Temperamenten liegen. Es ist aber auch möglich, dass Ihr Kind sich bei Ihnen sicherer fühlt, als Sie selbst sich bei Ihren Eltern fühlten. Dann können Sie stolz auf die Veränderung sein, die Sie geschaffen haben.

Strategie 8: Selbstempathie im Sinne der Gewaltfreien Kommunikation

Der Weg der Gewaltfreien Kommunikation ist im Prinzip einfach, in der Umsetzung aber nicht. Im Vollsinn lernen können Sie die

Methode am besten in einem entsprechenden Kurs, aber auch die Lektüre eines Buches von Rosenberg kann Sie weit bringen. Die nun folgende Strategie, mit Ärger umzugehen, stammt direkt von ihm und kann Ihnen im Alltag mit Sicherheit helfen. Zunächst ist Ärger bei Rosenberg der destruktive Ausdruck eines lebensbejahenden Impulses. Hinter jedem Ärger verbirgt sich ein unerfülltes Bedürfnis; wenn wir uns ärgern, dann machen wir aber eine andere Person oder eine bestimmte Situation für dieses unerfüllte Bedürfnis verantwortlich. Wir erzählen uns dann selbst eine Geschichte darüber, wie rücksichtslos/dumm/gemein/etc. sich jemand verhält und wie traurig/frustriert/wütend/etc. uns das macht. „Unsere Sprache kennt viele Formulierungen, die glauben machen, dass unsere Gefühle aus dem resultieren, was andere tun", meint Rosenberg. „Der erste Schritt im Prozess, unseren Ärger vollständig auszudrücken, besteht darin, dass wir folgendes realisieren: Das, was andere Menschen tun, ist niemals die Ursache für das, was wir fühlen." [xxvi]

Auf dieser Grundlage gibt es in der Gewaltfreien Kommunikation einen vierteiligen Weg, mit Ärger umzugehen:

1. Innehalten, Atmen
2. Unsere verurteilenden Gedanken identifizieren
3. Kontakt mit unseren Bedürfnissen herstellen
4. Unsere Gefühle und unerfüllten Bedürfnisse aussprechen. [xxvii]

Diese Strategie klingt wiederum einfach, ist es in der Praxis aber nicht. Es braucht sehr viel urteilsfreie Achtsamkeit für andere und für uns selbst, damit wir unsere Bedürfnisse auf so erfüllende Weise äußern können. Entscheidend ist zunächst, dass Sie Ihren eigenen Ärger überhaupt annehmen lernen und ihn auch voll erleben. Es ist in Ordnung, die verurteilenden Gedanken zu denken; auch die Fantasie von einem kräftigen Wutausbruch kann durchaus hilfreich sein. Machen Sie sich in einem nächsten Schritt bewusst, was Sie genau denken und ob Sie dabei die Bedürfnisse der anderen (etwa Ihres Kindes) mitberücksichtigt haben. Das ist aller meistens nicht der Fall, und wenn Sie wirklich verstehen, welches Bedürfnis hinter einem ärgerlichen Verhalten stehen, ist es plötzlich viel schwerer, sich zu weiterhin zu ärgern. Ihre eigenen Bedürfnisse sind aber genauso wichtig wie die Ihres Kindes und es ist entscheidend, damit in Kontakt zu kommen. Ob Sie nun jedes Bedürfnis aussprechen oder in eine Bitte überführen, müssen Sie in der Situation entscheiden. Nicht immer kann Ihr Kind Ihren Wunsch erfüllen, weil es womöglich noch zu klein dafür oder selbst gerade überwältigt ist. Sehr oft werden Sie selbst die Verantwortung für die Befriedigung ihrer Bedürfnisse übernehmen müssen. Aber die Bedürfnissprache eröffnet Ihnen einen Weg, Ihren Ärger auf eine nicht-verurteilende Weise auszusprechen. Es reicht vielleicht zu sagen: „Ich bin gerade etwas frustriert, weil ich mir ein wenig Ruhe wünsche. Wenn wir uns beide beruhigt haben, werde ich mich ein paar Minuten aufs Sofa setzen und mich entspannen." Sie dürfen sich gerne vom Gefühl verabschieden, dass Sie egoistisch seien, weil Sie Ihre eigenen Bedürfnisse nicht aufschieben, bis Ihr Kind tief und fest schläft. Im Gegenteil: Sie erweisen sich als wunderbares Vorbild für einen respektvollen und gelassenen Umgang mit den eigenen Bedürfnissen. Und Sie werden auch gar nicht warten müssen, bis Ihr Kind volljährig ist: Es wird schon bald damit anfangen, die eigenen Wünsche auf ähnlich souveräne Weise zu äußern. Hier zeigt sich wieder einmal ganz deutlich, dass Ihr Kind hauptsächlich davon profitiert, wenn Sie selbst zufrieden sind und gut mit sich umgehen.

3. Grundsätze der Gewaltfreien Erziehung nach Lebensalter

Wenn Sie nun ein wenig geübt darin sind, gewaltlos und empathisch mit Ihrem eigenen Ärger und den eigenen Bedürfnissen umzugehen, können Sie sich auf ähnliche Weise Ihrem Kind zuwenden. In diesem Abschnitt geht es darum, wie Sie mit Kindern unterschiedlichen Alters gewaltfrei kommunizieren können. Beginnend beim Babyalter sehen wir uns an, wie sich die kommunikativen Fähigkeiten eines Kindes laufend entfalten und verändern. Einerseits nehmen Sie selbst Einfluss darauf, wie dieser Prozess abläuft, andererseits müssen Sie sie auch den wachsenden Fähigkeiten des Kindes anpassen und es „dort abholen, wo es steht“.

a) Gewaltfreie Kommunikation mit Säuglingen

Die bedürfnisorientierte Kommunikation mit Säuglingen kann ganz andere Formen annehmen als die von Marshall B. Rosenberg intendierte. Tatsächlich ist die absolute Grundlage für eine liebevolle und offene Eltern-Kind-Beziehung nämlich weder Gewaltfreiheit noch eine bewusste Bedürfnissprache, auch wenn beide notwendige Voraussetzungen dafür sind. Aber nichts davon funktioniert ohne schlichte Kommunikation, und genau hier gibt es im Umgang mit Säuglingen und Kleinkindern sehr viel aufzuholen.

Als Erwachsene meinen wir oft, wir müssten mit so kleinen Kindern nicht klar kommunizieren, weil sie uns ohnehin nicht verstehen würden. Das ist erstens nicht ganz richtig: Schon vor dem ersten Geburtstag können Babys Wörter und Sätze, die sie im Alltag oft hören, gut verstehen. Dass das Sprechenlernen vergleichsweise lange dauert, liegt nicht an den kognitiven, sondern den phonetischen Fähigkeiten. Zweitens kommt es nicht nur darauf an, ob wir als Bezugspersonen verstanden werden, sondern auf die Haltung unseren Kindern gegenüber, die sie deutlich wahrnehmen.

Wir neigen allzu häufig dazu, einen Säugling nicht als vollwertiges Gegenüber zu betrachten und sprechen deshalb auch nicht so mit ihm. Hier können wir viele wertvolle Impulse aus dem RIE®-Ansatz nach Emmi Pikler und Magda Gerber zur Anwendung bringen. Beide Frauen waren der Ansicht, dass der Respekt vor der körperlichen und psychischen Integrität eines Kindes unseren Umgang mit ihm jederzeit bestimmen muss.

Wir sollen also, meinen sie, auch mit einem Neugeborenen so umgehen, als hätten wir eine vollwertige Person vor uns. Das stimmt natürlich nicht ganz, denn eine Person hat viele Eigenschaften (etwa Selbstreflexion und ein biographisches Gedächtnis), über die ein Baby nicht verfügt. Aber nur auf der Basis unseres Respekts vor ihm kann ein Kind sich zu einer freien Person mit Würde und Selbstachtung entwickeln. Bei Babys hat dieser respektvolle Umgang zwei Komponenten:

- Die Art, wie wir mit ihm sprechen: grundsätzlich eher leise und langsam, aber in vollständigen Sätzen. Der RIE-Ansatz sieht vor, dass wir einem Baby seine Umwelt erzählend zugänglich machen. Die Bezugspersonen kündigen an, was gerade passiert, was sie machen und was sie als nächstes vorhaben. Das ist besonders wichtig bei allen Pflegehandlungen (etwa Wickeln, Baden und Füttern, aber auch Hochheben und Hinlegen). Außerdem kann man schon in diesem Alter beginnen, die innere Erfahrung des Kindes in Worte zu fassen und Gefühle zu beschreiben. Gerbers Schülerin Janet Lansbury meint, man könne einen Säugling auch danach fragen, ob bestimmte Handlungen jetzt für ihn in Ordnung sei, etwa: „Ich hebe dich jetzt hoch, ist das in Ordnung?“ Sie meint, man könne an der Reaktion des Babys (Blickkontakt, Ausstrecken der Arme, Anspannen der Rückenmuskulatur) erkennen, ob es bereit dazu ist.
- Die Art, wie wir es anfassen: Magda Gerber empfiehlt, ein Baby mit „fragenden Händen“ zu berühren. Das meint eine sehr sanfte, bewusste Art des Anfassens, die in sich eine Form der Kommunikation darstellt. Sie vermitteln Ihrem Kind auf diese Weise, dass Sie es unterstützen, aber nicht über es verfügen und auf seinen eventuellen Protest auch eingehen. Die körperliche Entwicklung des Babys ist die Richtschnur für den Umgang: Ein zwei Monate altes Kind sollte daher nicht in eine sitzende Position gebracht werden, weil es das noch nicht selbst kann. Es kann getragen und gehalten werden oder ansonsten auf dem Boden oder im Bett liegen. Dort soll es in aller Ruhe seinen eigenen Körper erkunden dürfen.

b) Gewaltfreie Kommunikation mit Kleinkindern

Kleinkinder ab dem späten zweiten oder dritten Lebensjahr verstehen verbal schon so einiges. Sie finden sich sprachlich in ihrer Alltagswelt sehr gut zurecht. Ein wenig schwieriger ist das Sprechen über ihre Innenwelt, und das ist nur allzu verständlich: Ihre Gefühle und Gedanken sind nur ihnen selbst zugänglich. Die einzige Möglichkeit, überhaupt einen stabilen und positiven Selbstbezug aufzubauen und über die eigene Innenwelt sprechen zu lernen, liegt in der Empathie der Eltern oder Bezugspersonen.

Die inneren Zustände Ihres Kindes können Sie vielleicht intuitiv recht gut nachvollziehen. Wenn das nicht der Fall ist, gibt es sehr viele gute Möglichkeiten im therapeutischen Bereich oder in Form von Achtsamkeitsübungen, die Ihnen die Einfühlung in Ihr Kind auf längere Sicht erleichtern können. Solch ein bewusster Zugang zu seinen und den eigenen Emotionen kann sogar recht hilfreich sein. Denn die Emotionen und Bedürfnisse Ihres Kindes wollen nicht nur erkannt, sondern auch gespiegelt und benannt sein.

In der berühmten „Trotzphase“, die man pädagogisch richtig eher „Autonomiephase“ nennt, kommt es bekanntlich zu sehr großen und heftigen Emotionen, die das Kind in diesem Alter praktisch gar nicht selbst regulieren kann. Hinter diesen wilden Gefühlsausbrüchen steht zunächst die lebensnotwendige Erkenntnis, dass ich eine eigene, von anderen getrennte Person bin. Das ist sowohl angsteinflößend als auch aufregend und toll. Das Bedürfnis hinter der Wut in den „terrible twos“, die Eltern so oft zur Verzweiflung bringt, ist hauptsächlich Anerkennung, Akzeptanz und Respekt.

Wenn Sie Ihrem Kleinkind diesen Respekt von sich aus entgegenbringen, indem Sie ihm zum Beispiel Wahlmöglichkeiten eröffnen und ruhig und klar mit ihm kommunizieren, wird dieses Bedürfnis erfüllt. Die Wut ist dann gar nicht mehr nötig.

Ganz grundsätzlich braucht ein Kleinkind Empathie für jede starke Emotion, da es selbst noch viel zu wenig damit umgehen kann. Als Erwachsene neigen wir manchmal dazu, uns Kleinkindern gegenüber ein wenig blöd zu stellen, um ihre Sicht der Dinge zu erfahren. So kann es sein, dass wir zu einer Dreijährigen inmitten eines Gefühlsausbruchs sagen: „Ich verstehe gerade gar nicht, was dich so unglücklich macht, kannst du mir das vielleicht erklären? Na, wie fühlst du dich gerade?"

Natürlich sollten wir in der Kommunikation einen Raum eröffnen, in dem ein Kind klar sagen kann, was ihm auf dem Herzen liegt. Aber gerade in den ersten Lebensjahren sind die großen Emotionen unserer Kinder für sie selbst so überwältigend, dass dieser Raum auch zu groß und zu leer sein kann. Das Unverständnis des erwachsenen Gegenübers kann dann sehr verunsichernd wirken und sogar Angst auslösen.

Es ist deshalb besser, sich auf zurückhaltende Weise empathisch zu zeigen. Das kann etwa so aussehen: „Du kommst mir gerade sehr unglücklich vor. Ich denke, du bist wütend, weil du noch länger spielen wolltest, und jetzt gibt es Essen. Wenn du magst, spiele ich gleich nach dem Essen mit dir zusammen."

Wenn es innerhalb der Familie in Ordnung ist, dem anderen zu widersprechen, kann Ihr Kind seine Position richtigstellen, wenn Sie etwas falsch interpretiert haben – was übrigens auch sehr empathischen Eltern des Öfteren passiert.

Ab dem zweiten Lebensjahr können Sie außerdem beginnen, dem Kind gegenüber eigene Bedürfnisse zu äußern und entsprechende Grenzen zu setzen. Besonders wichtig ist etwa das eigene Ruhebedürfnis. Es ist sehr wahrscheinlich, dass Ihr Kleines es nicht einfach so hinnimmt, wenn Sie sich einmal fünfzehn Minuten Zeit für sich nehmen und nicht zum Spielen verfügbar sind. Das kann wiederum zu einer heftigen Äußerung von Wut und Frustration führen. Weiter unten finden Sie einige wertvolle Tipps für ebensolche großen Gefühle und mögliche Hilfestellungen für Ihr Kind – und für Sie selbst.

c) Gewaltfreie Kommunikation mit Schulkindern

Nachdem sich das Gehirn in den ersten sechs Lebensjahren so intensiv entwickelt hat, beginnt nun eine relativ ruhige Phase. In diesem Lebensalter können Sie Ihrem Kind die Gewaltfreie Kommunikation richtig fundiert vermitteln. Sprachlich ist es nun perfekt in der Lage, mit dieser Methode umzugehen. Es kommt nun auf Konsequenz, also vor allem auf häufige Wiederholung an. Das gilt sowohl für die konkrete „Sprache" (also die bedürfnisorientierte Äußerung) als auch für die zugrundliegende Haltung.

Diese können Sie Ihrem Schulkind durch Übungen vermitteln und ihm Schritt für Schritt zeigen, wie es die eigenen Bedürfnisse und Gefühle erkennen und benennen kann. Zugleich ist Ihr Kind jetzt auch in der Lage, anderen gegenüber souveräne Empathie zu zeigen und auf ihre Bedürfnisse einzugehen – und vielen Kindern macht das auch sehr große Freude. Der respektvolle Umgang im Kleinkindalter zeigt hier deutlich Früchte; es ist aber genauso möglich, erst im Schulalter mit der Gewaltfreien Kommunikation zu beginnen.

Auf der Vernunftebene können Kinder nun gut begreifen, worum es hier geht. Die Bereitschaft, Methoden der Konfliktlösung zu lernen und für ein friedliches Zusammenleben zu sorgen ist jetzt besonders groß. Im Alter von sechs bis zwölf Jahren leben Kinder grundsätzlich am meisten an der Gemeinschaft orientiert. Als Kleinkinder und als Teenager sind sie jeweils sehr mit der eigenen Entwicklung befasst; im frühen Schulalter sind sie dagegen bereit, ihre emotionalen und intellektuellen Fähigkeiten auf recht harmonische Weise zu entfalten.

Sie können Ihrem Kind gegenüber jetzt sehr viele eigene Bedürfnisse äußern und ihm auf altersgerechte Weise dazu verhelfen, für Sie und andere da zu sein. Positive Verstärkung ist hier ein wirksames Instrument, aber es sollte auf konkrete Handlungen und nicht auf die Person gerichtet sein. Den Unterschied sehen Sie an diesem Beispiel:

- klassisches Lob: „Ich finde es toll, wie nett du immer zu den Leuten bist!“ Diese Äußerung wird ihr Kind zwar freuen, aber sie ist zu wenig konkret für sein Erleben. Sie benennt eine Eigenschaft, die von außen beobachtbar ist, aber mit der inneren Erfahrung des Kindes in keinem klaren Zusammenhang steht. Außerdem vermitteln Sie auf diese Weise, dass Sie Ihr Kind besonders mögen, wenn es nett ist – nicht aber, wenn es einmal schlecht gelaunt und unfreundlich ist. Auf diese Weise könnte sich Ihr Kind zu einer eher gefälligen anstatt zu einer ehrlichen Persönlichkeit entwickeln.

- Anerkennung in einer konkreten Situation: „Ich war beeindruckt davon, wie geduldig du heute mit deiner kleinen Schwester warst, als sie geweint hat. Das war bestimmt nicht so einfach, da ruhig zu bleiben." Sie vermitteln hier klar, dass Sie persönlich Geduld und Freundlichkeit als positiv bewerten. Sie lassen aber auch dem Erleben Ihres Kindes Raum, indem Sie ihm zugestehen, dass es nicht immer leicht ist, geduldig und freundlich zu sein. Es wird auch die Anstrengung gewürdigt, die dahintersteckt – dadurch versteht das Kind, dass es sein Verhalten durchaus beeinflussen kann und nicht einfach „freundlich" oder „unfreundlich" im Sinne eines festen Charakterzuges ist.

Da Ihr Kind in diesem Alter zunehmend mehr Zeit mit FreundInnen verbringen wird, können Sie ihm außerdem auch reichlich Freiraum lassen, um selbst Erfahrungen mit Konflikten zu machen. Wenn Ihr Kind von solchen Konflikten erzählt, hören Sie ihm aufmerksam zu und helfen ihm, die Situation zu begreifen und zu bewerten. Dazu können Sie vorsichtige Vorschläge machen, wie es das nächste Mal besser klappen könnte oder nach dem obigen Vorbild ihre Anerkennung aussprechen, wenn Ihr Kind den Konflikt selbst gut gelöst hat.

d) Gewaltfreie Kommunikation mit Kindern in der Pubertät

Wenn Kinder einmal ein Alter von dreizehn oder vierzehn Jahren erreicht haben, können Sie mit ihm mehr oder weniger wie mit einer erwachsenen Person kommunizieren – solange Sie immer im Hinterkopf behalten, dass sich das Gehirn in diesem Alter in einem enormen Umbruch befindet. Tatsächlich können Sie viele Konflikte abmildern oder sogar ganz vermeiden, wenn Sie mit Ihrem Kind so respektvoll umgehen, als hätten Sie eine erwachsene Person vor sich.

In der Pubertät sind junge Menschen intensiv darauf angewiesen, dass man in ihnen die Erwachsenen sieht, die sie erst werden müssen. Dieser „Vertrauensvorschuss" verleiht der schwierigen Zeit des Erwachsenwerdens etwas Positives und schwächt Ängste und Unsicherheit ab.

Zugleich ist es wichtig, dass Sie Ihr Kind begleiten – so eng, wie es Ihnen beiden guttut – und verfügbar bleiben, wenn es Trost, Bestärkung oder Orientierung braucht. Auf diese Art kann Ihr Teenager auch lernen, dass Menschen in jedem Lebensalter auf andere angewiesen sind und dass ein Bedürfnis nach Nähe und Bindung kein Zeichen von Schwäche ist.

Entscheidend ist in dieser Phase, dass Sie besonders ehrlich über die eigenen Bedürfnisse sprechen und sich auch verletzlich machen. Das ist gar nicht so einfach, denn viele Kinder in der Pubertät verstehen es bestens, die Schwachstellen der eigenen Eltern und anderer Bezugspersonen zu erkennen und sie entsprechend zu provozieren. Trotzdem müssen Sie hier weiterhin als Vorbild fungieren und auch Verletzungen akzeptieren.

Allerdings können Sie jetzt klar über Ihre Gefühle sprechen und auch kommunizieren, was Sie sich von der Beziehung zu Ihrem Kind wünschen. Wenn Sie etwa sagen: „Ich bin unglücklich, denn es ist mir wichtig, dass wir gut miteinander auskommen und uns gegenseitig nicht beschimpfen", ist das für einen Teenager keine Überforderung mehr.

Es ist dabei sehr wichtig, dass Sie auch bei offenkundigem Fehlverhalten nicht verurteilend werden, sondern bei Ihren Wünschen und Bedürfnissen bleiben. Das bedeutet aber nicht, dass Sie sich permissiv verhalten, Ihrem Kind also alles durchgehen lassen. Im nächsten Abschnitt finden Sie einige Beispiele aus dem Erziehungsalltag mit Pubertierenden, in denen das zur Umsetzung kommt, was Marshall B. Rosenberg „die schützende Anwendung von Macht" nennt. In der Pubertät ist diese Form der Macht ein sehr wichtiges Instrument für Eltern und andere Bezugspersonen – neben der eigenen Offenheit und der Empathie mit dem Kind.

4. Die Umsetzung im Erziehungsalltag: 30 Beispiele

Der Umgang mit dem Körper des Kindes

Situation 1: Ihr Kind schläft nicht gut ein oder durch

Der Schlaf des Kindes ist vielleicht das physiologische Bedürfnis, das Eltern in den ersten Jahren am meisten beschäftigt. Da sie in den Abendstunden oder den kurzen Pausen untertags oft die einzige Gelegenheit sehen, sich Zeit für sich und die Partnerschaft zu nehmen, ist es von höchster Wichtigkeit, dass das Kind gut und ausreichend schläft. Aus diesem Grund ist es sehr verständlich, wenn Eltern schon auf ein kleines Baby ärgerlich sind, weil es nicht schläft. Dem Winzling das eigene Bedürfnis nach Entspannung klarzumachen bringt hier natürlich wenig – der Wunsch nach einer Pause muss aufgeschoben werden. Zunächst ist es extrem wichtig, dass Sie selbst ruhig bleiben. Die wichtigste Voraussetzung dafür, dass Ihr Kind einschlafen kann ist nämlich, dass es sich ruhig und geborgen fühlt. Wenn es Ihre Anspannung spüren kann, fällt es dem Baby und später auch dem Kleinkind viel schwerer, sich selbst zu entspannen. Wenn das Kind partout nicht einschlafen kann und ein körperliches Problem (Schmerzen o. Ä.) ausgeschlossen ist, achten Sie auf folgende mögliche Bedürfnisse:

- Ist das Kind überhaupt schon müde genug? Wie viel hat es in den letzten 24 Stunden geschlafen und wie lange ist das letzte Schläfchen her? Wirkt das Kind müde? (Es kann sehr nützlich sein, sich über typische Schlafrhythmen und die physiologischen Hintergründe des Schlafes zu informieren.)

- Sind seine Grundbedürfnisse erfüllt? Ist es satt? Ist ihm warm genug? Muss Ihr Kind sich womöglich noch ein bisschen bewegen, bevor es schlafen kann? (Das Abendritual muss nicht unbedingt ruhig sein, auch eine kleine Gymnastik- oder Yogaeinheit kann sehr schlaffördernd wirken, wenn Sie ein hochenergetisches Kind haben.)
- Ist sein Bedürfnis nach Kontakt und Spiel erfüllt? Oft sind die Abendstunden sehr stressig und es kann sein, dass das Kind noch ein wenig Nähe zu allen wichtigen Bezugspersonen braucht. Immerhin muss es sich nun für längere Zeit von ihnen trennen – so empfinden kleine Kinder das Einschlafen zumindest.
- Lastet Ihrem Kind etwas auf der Seele? Bei einem sehr kleinen Kind können Sie den Tag nochmals Revue passieren lassen und auch auf schwierige Momente eingehen. Kann Ihr Kind schon gut sprechen, kann es auf Nachfrage vielleicht selbst sagen, ob es wegen eines bestimmten Ereignisses noch traurig oder verwirrt ist.

Wenn Sie der Meinung sind, dass Ihr Kind keine dringlichen Bedürfnisse mehr hat, sorgen Sie für eine gemütliche, ruhige, eher dunkle Atmosphäre und begleiten es in den Schlaf. Alleine schlafen sollte Ihr Kind grundsätzlich erst, wenn es sich selbst bereit dazu fühlt. Die Einschlafbegleitung kann sehr mühsam sein, aber Sie müssen sich vor Augen halten, wie schwierig und beängstigend das Einschlafen für ein Kind sein kann – immerhin muss es sein bewusstes Erleben auf unbestimmte Zeit loslassen. Ein entscheidender Punkt können auch sogenannte „Schlafassoziationen" sein:

Jeder Mensch, jung oder alt, braucht eine gewisse Umgebung, um gut schlafen zu können, etwa ein Kissen und eine Decke, einen bestimmten Duft, das Gefühl frisch geputzter Zähne o. Ä. Viele Kinder schlafen direkt neben ihren Eltern besser ein und durch – hier muss aber auf die Bedürfnisse aller Familienmitglieder geachtet werden. Ein Bett in der Nähe der Eltern kann einen gesunden Kompromiss darstellen. Auch, wenn Ihr Kind partout nicht schlafen möchte, können Sie auf einer Ruhepause bestehen:

„Ich merke, dass du dich noch nicht müde fühlst. Es war ein langer Tag und ich denke, wir brauchen jetzt beide eine Pause. Wir bleiben jetzt hier in deinem Zimmer und ruhen uns ein wenig aus. Wir können kuscheln oder ein Buch anschauen, aber ich lasse dich nicht hinausgehen."

Wenn Sie die Schlafsituation Ihres Kindes verändern möchten (wenn das Kind etwa bis dato zum Einschlafen gestillt wurde und Sie das nicht mehr möchten), kündigen Sie diese Veränderung am selben Tag an. Es ist wichtig, dass die anderen Schlafassoziationen erhalten bleiben, z. B. ein bestimmtes Lied oder ein geliebtes Stofftier, die Nähe einer Bezugsperson oder ein Schlaflicht. Wenn Ihr Kind gegen die Veränderung protestiert, können Sie es sanft durch die schwierigen Emotionen begleiten. Tipps dazu finden Sie im Abschnitt b) Der Umgang mit großen Emotionen.

Situation 2: Ihr Kind möchte nicht essen

Ein Kind zu „ernähren" gehört zu den wichtigsten Aufgaben von Eltern. Das bedeutet nicht nur, Essen zur Verfügung zu stellen;

es soll gesunde Nahrung sein, die das Kind satt macht und es mit allen wichtigen Nährstoffen versorgt. Rund ums Thema Essen gibt es viel Druck und auch reichlich Versagensängste. Das gemeinsame Familienessen ist daher oft ein konfliktreiches Unterfangen: nicht nur, aber sehr häufig, weil Kinder „zu wenig“ essen. Tatsächlich wird ein Kind mit einem intuitiven Gespür für den eigenen Hunger geboren und es sind eher unsere Erziehungsbemühungen, die es dem eigenen Körper entfremden. Es ist für Kinder wie Erwachsene normal, dass sie an manchen Tagen kaum essen wollen. Zudem haben besonders Kleinkinder oft so viel zu lernen und zu verarbeiten, dass fürs Essen schlicht keine Zeit und Energie mehr bleibt.

So können Sie Ihre Sorge rund ums Essen zum Ausdruck bringen, ohne ihrem Kind Druck zu machen:

„Ich fühle mich ein wenig besorgt, weil du heute nur drei Löffel gegessen hast. Es ist mir wichtig, dass du genug zu essen hast, damit dein Körper richtig funktionieren kann. Vielleicht können wir beide kurz ganz ruhig sein und fühlen, ob wir noch Hunger haben.“ Dann, nach kurzer Zeit: *„Ich merke, dass mein Magen bald voll ist, aber eine kleine Portion möchte ich noch essen.“*

Folgende Tipps können zu einer entspannten Atmosphäre beim Essen verhelfen:

- Involvieren Sie Ihr Kind in den Prozess des Kochens und Aufdeckens, so gut das eben altersgemäß möglich ist. Schon ein einjähriges Kind kann zum Beispiel umrühren, Gemüse waschen oder einfach beim Kochen zusehen.

- Seien Sie ein gutes Vorbild: Genießen Sie Ihr Essen und konzentrieren Sie sich bei den Mahlzeiten auf Ihren eigenen Teller.
- Versuchen Sie zu vermitteln, dass Essen ein echtes Erlebnis sein kann. Dazu braucht es keine aufwendigen Mittel, im Gegenteil: Sprechen Sie darüber, wie bestimmte Lebensmittel schmecken oder nehmen Sie Ihr Kind manchmal auf eine Geschmacksexpedition mit in die Küche.
- Möchte Ihr Kleinkind mit dem Essen „spielen“, unterbinden Sie das nicht völlig. Mit den Händen essen und das Essen anfassen gehört zum Prozess dazu. Ein Kleinkind muss in jedes neue Lebensmittel erst einmal Vertrauen fassen.
- Versuchen Sie, keinen Druck an Ihr Kind weiterzugeben, auch wenn Sie sich Sorgen machen. Psychischer Stress führt sehr oft dazu, dass eine Person überhaupt nicht mehr essen kann.

Wenn Ihr Kind zu Hause nicht das isst, was gekocht wird und stattdessen etwas anders möchte (etwa Süßigkeiten oder ein Butterbrot), brauchen Sie darauf nicht einzugehen, solange es am Tisch etwas gibt, dass Ihr Kind normalerweise mag. Sie entscheiden, was auf den Tisch kommt – ihr Kind darf entscheiden, ob und wie viel es davon essen möchte. Gibt es zum Abendessen Pasta und Ihr Kind möchte aber lieber ein Erdbeerjoghurt, können Sie auf diese Weise eine Grenze setzen:

„Du möchtest ein Joghurt essen. Das verstehe ich, Joghurt ist wirklich lecker. Jetzt gibt es aber Pasta. Wenn du das Sugo nicht magst, kannst du ein wenig Parmesan/Pesto/Butter/etc. auf deine Nudeln haben.“

Situation 3: Ihr Kind wehrt sich beim Wickeln, Anziehen, Waschen oder Zähneputzen

Dieses Problem tritt hauptsächlich bei Kleinkindern im Alter von einem oder zwei Jahren auf. Kinder beginnen, die alltäglichen Pflegehandlungen als Eingriff in ihre Autonomie zu empfinden und wehren sich entsprechend. Der Ausweg aus dieser anstrengenden Situation ist ein paradoxer: Wenn Sie möchten, dass Ihr Kind sich von Ihnen wickeln oder die Zähne putzen lässt, müssen Sie seine Autonomie respektieren. Natürlich können Sie den Kampf um die frische Windel trotzdem gewinnen, schließlich sind Sie Ihrem Kind körperlich überlegen. Aber der Preis dafür können eine angeschlagene Beziehung und noch mehr Stress beim nächsten Mal sein. Und letztlich geht es ja um den Körper Ihres Kindes. Ihm zu vermitteln, dass es die Hoheit darüber hat, was mit diesem Körper geschieht, ist enorm wichtig für sein ganzes Leben. Wenn Sie gerade einen Säugling haben, beginnen Sie am besten jetzt, Ihr Kind aktiv in die Körperpflege zu involvieren. Die RIE®-Pädagogin Janet Lansbury empfiehlt in etwa dieses Vorgehen:

- Unterbrechen Sie Ihr Kind nicht, wenn es gerade beschäftigt ist (z.B. mit seinen Händen oder mit einem Mobile).
- Kündigen Sie an, dass Sie Ihr Kind jetzt hochnehmen und was Sie danach tun werden (es wickeln, baden, waschen,...).
- Erklären Sie während der Körperpflege, was Sie gerade tun (*„Jetzt mache ich dich Windel auf. Schau, hier liegt schon der Waschlappen bereit. Jetzt wird es ein bisschen nass, wenn ich dich saubermache."*).
- Zeigen Sie Ihrem Kind die Utensilien (Windeln, Feuchttücher, Shampoo) und lassen Sie es damit spielen. [xxviii]

Je älter Ihr Baby wird, desto mehr kann es bei der Körperpflege mitmachen. Bald kann es aktiv in die Kleidung schlüpfen, die Sie bereithalten. Ein Kind von einem Jahr kann seine eigenen Zähne putzen, wenn Sie es ihm zeigen und hinterher noch etwas nachputzen.[xxix] Wenige Monate später kann es beginnen, sich beim Baden selbst einzuseifen, eine frische Windel zu holen oder die Kleidung in den Wäschekorb zu werfen. Ein zweijähriges Kind kann sich mit der richtigen Unterstützung selbst anziehen, die Zähne putzen, sich waschen und die Windel auf- und zumachen. Es kann die eigene Kleidung selbst aussuchen und auf Aufforderung zum Wickeln kommen, wenn es sich bereit dazu fühlt. Der wichtigste Tipp lautet also: Trauen Sie Ihrem Kind zu, dass es sich um den eigenen Körper kümmern kann und möchte!

Trotzdem werden Sie immer wieder auf Protest und eine Haltung des Verweigerns stoßen. Sie sollten Ihr Kind dann nur selten festhalten und ihm die Zähne putzen, es wickeln, etc. Besser ist es, etwa die Badezimmertür zu schließen und anzukündigen:

„*Ich kann dich erst aus dem Zimmer lassen, wenn deine Zähne geputzt sind. Es ist mir sehr wichtig, dass du gesunde Zähne hast. Deshalb möchte ich, dass du sie putzt.*“

Es ist gut möglich, dass Ihr Kind darauf mit großer Frustration und Wut reagiert. Unterstützen Sie es dann in seinen Gefühlen, bleiben aber bei der Grenze. Wenn Ihr Kind die Zähne erst in zehn Minuten putzen möchte und inzwischen mit seiner Badeente spielt, sollten Sie diese Geduld aufbringen, sofern das möglich ist.

Ab dem Schulalter sind viele Kinder recht gewissenhaft, was die eigene Körperpflege anbelangt. Aber eine gewisse Nachlässigkeit, etwa beim Zähneputzen, kann auch noch bei Jugendlichen beobachtet werden. Wenn Ihr Kind erst einmal alle Tätigkeiten rund um den Körper selbst ausführen kann, diskutieren Sie am besten mit ihm aus, was es daran verbessern kann, etwa nach diesem Muster:

„Ich habe beobachtet, dass du in der letzten Woche zweimal deine Zähne nicht geputzt hast. Nun bin ich besorgt, denn mir ist es sehr wichtig, dass deine Zähne gesund sind und du keine unangenehmen Zahnbehandlungen hinter dich bringen musst. Was könnten wir ändern, damit es dir leichter fällt, deine Zähne zweimal täglich zu putzen?"

Nun ist es gut möglich, dass Ihr Kind – je nach Alter – antwortet: „Na und? Sind doch meine Zähne." Und damit hat es auch absolut recht. Seien Sie sich aber sicher, dass die Äußerung Ihrer Sorgen nicht völlig ohne Folgen bleibt. Wiederholen Sie das Angebot zur Unterstützung einfach immer wieder.

Situation 4: Ihr Kind macht in die Hose

Wenn ein Kind gerade beginnt, trocken zu werden, ist es etwas ganz Normales, dass es hin und wieder vergisst, rechtzeitig auf die Toilette zu gehen. Es kommt aber auch vor, dass Kinder, die eigentlich nicht mehr in die Hose machen, plötzlich wieder dazu neigen.

In beiden Fällen ist es sehr wichtig, dass Sie nicht mit dem Kind schimpfen, denn je nach Alter wird es sich ohnehin schämen. Die negativen Konsequenzen – nämlich nass zu sein, sich umziehen und womöglich duschen zu müssen – sind meistens unangenehm genug, damit das Kind die Situation von sich aus vermeiden will. Es kann schwierig sein, ruhig zu bleiben, vor allem wenn Sie gerade unterwegs oder im Stress sind. Stellen Sie sich dann deutlich sich selbst als Kind vor und erinnern Sie sich daran, wie demütigend es sein kann, geschimpft zu werden, wenn man versehentlich etwas falsch gemacht hat. Seien Sie außerdem gut vorbereitet, mit Wechselkleidung und Windeln für stressige Tage – vor allem, wenn Sie nicht sicher wissen, wo sich die nächste Toilette befindet, falls es mal schnell gehen muss.

Passiert Ihrem Kind also ein Malheur, können Sie in dieser Form reagieren:

„Ich sehe, dass du es nicht rechtzeitig auf die Toilette geschafft hast. Hier ist frische Kleidung. Möchtest du kurz unter die Dusche springen?“
Sind Sie unterwegs, muss die Dusche natürlich ausbleiben. Dann können Sie Ihr Kind mit auf die nächste Toilette nehmen und ihm beim Umziehen helfen.

Erst wenn die unmittelbaren Folgen des In-die-Hose-Machens beseitigt sind, können Sie Ihr Kind nochmals darauf ansprechen, wieso ihm das passiert sein könnte.

„Hast du gemerkt, dass du auf die Toilette musst? Du weißt, dass du mir das immer sagen kannst und ich dann sofort mit dir ein Klo suche.“

Situation 5: Ihr Kind schadet durch sein Verhalten der eigenen Gesundheit

Dass Ihr Kind sich selbst schadet, kann ab dem Kleinkindalter vorkommen (etwa durch einseitige Ernährung), aber besonders brisant wird es häufig in der Pubertät. Junge Menschen möchten allerhand ausprobieren. Zigaretten, Alkohol oder Drogen wollen Eltern besonders ungern konsumiert wissen, aber auch Fastfood kann auf Dauer der Gesundheit schaden. Je nach Alter Ihres Kindes müssen Sie als Bezugsperson nun versuchen, Ihre Sorge mit der Autonomie des Kindes in Einklang zu bringen. Eine wichtige Richtschnur ist für Sie natürlich das Gesetz: Wenn Ihr Kind illegale Substanzen konsumiert oder raucht/trinkt, bevor es alt genug dazu ist, müssen Sie das unterbinden, so gut Sie können. Das ist auch ein wichtiges Argument, das Sie für etwaige Verbote ins Spiel bringen können. Viel wichtiger ist aber, dass Ihr Kind Ihnen soweit vertraut, dass es Ihre Sorge spüren und ernstnehmen kann. Diese emotionale Ebene ist auch dann noch wirkungsvoll, wenn Ihr Kind rein rechtlich gesehen tun darf, was es möchte.

Vermitteln Sie immer, sogar bei rechtswidrigem Verhalten, dass Sie die Hoheit Ihres Kindes über seinen Körper respektieren:

„Ich habe dich heute Nachmittag beim Rauchen beobachtet. Das ist nicht schlimm, ich habe früher auch manchmal geraucht. Zugleich mache ich mir Sorgen, denn Rauchen kann ziemlich schädlich sein, vor allem wenn man so jung ist wie du. Kannst du in Worte fassen, welches Bedürfnis das Rauchen befriedigt?“

Wenn Ihr Kind erst einmal das Bedürfnis benannt hat – ob es nun Anerkennung der anderen, Entspannung, Stressabbau oder ästhetische Gründe sind – können Sie gemeinsam nach anderen Wegen suchen, dieses Bedürfnis zu befriedigen. Dieses Unterfangen kann sich sehr schwierig darstellen. Und nicht selten ziehen Eltern in solchen Situationen die Kürzeren. Wichtig ist vor allem, dass die Gesprächsbasis bleibt und dass Sie auf eine Weise über das schädliche Verhalten sprechen, die von Respekt und Zuneigung geprägt ist. Mitunter vergehen Monate oder sogar Jahre, bis die sorgenvollen Ratschläge einer Bezugsperson durchsickern, aber die Auseinandersetzung ist bestimmt nie ganz umsonst.

Der Umgang mit großen Gefühlen

Situation 6: Ihr (Klein-)Kind ist wütend

Eine der größten pädagogischen Herausforderungen für Eltern sind wohl die Wutausbrüche in der Autonomiephase. Ein Kind beginnt schon vor dem ersten Geburtstag, einen eigenen Willen zu entwickeln und wird wütend oder traurig, wenn ihm ein Wunsch verwehrt wird. Im Laufe des zweiten Lebensjahres bekommen diese Wünsche aber eine existenzielle Bedeutung, denn das Kind muss ein stabiles Selbst entwickeln. Wenn Sie als Eltern darauf nicht eingehen können oder wollen, ist das für die Selbstwerdung Ihres Kindes zunächst bedrohlich, denn es braucht Ihre Anerkennung und Zustimmung. Es reagiert mit Wut und Aggression auf die Grenze. Aber es kann schnell wieder alles gut werden, sofern Sie für Ihr Kind verfügbar bleiben und Kontakt anbieten. Schimpfen trägt in diesem Moment nur noch zur Überwältigung bei.

Auf die im Kleinkindalter ja oft sehr heftigen Gefühlsausbrüche kann man sehr gut in dieser Form reagieren:

- das Gefühl benennen (*„Ich sehe, dass du wütend bist.“*)
- das Gefühl in angemessener Form spiegeln, also in der eigenen Mimik, Gestik oder Stimmlage die Äußerungen des Kindes kurz aufnehmen

An dieser Stelle sollten Sie nun rasch entscheiden, ob Ihr Kind schon völlig überwältigt oder noch aufnahmefähig ist. Kommt es Ihnen sehr überfordert vor, gehen Sie so vor:

- Raum schaffen für den Ausdruck des Gefühls, indem Sie vor allem ruhig bleiben und nicht mehr viel sagen; beruhigende Laute wie „Hmmm“ oder „Schhh“ können hilfreich sein (Achtung: Wenn Sie „Schhh“ häufig einsetzen, um Ihrem Kind zu vermitteln, dass es still sein soll, kann das unangenehme Assoziationen und sogar Aggressionen bei ihm auslösen.)
- Augen- oder Körperkontakt suchen, sofern Ihr Kind das zulässt
- körperliche Angriffe auf Sie, andere Personen oder empfindliche Gegenstände sanft abwehren und vielleicht Kissen o. Ä. zur Verfügung stellen
- körperlich verfügbar bleiben (gerne auch die Arme ausbreiten), damit Ihr Kind in eine tröstende Umarmung kommen kann, wenn es sie braucht

Erst wenn das Kind wieder ruhig genug dazu ist, können Sie zu den letzten Schritten der Begleitung übergehen:

- Verbundenheit schaffen, etwa durch körperliche Nähe und/ oder eine gemeinsame Aktivität, etwa ein Buch anschauen
- die Situation beschreiben und Bedürfnisse/Wünsche benennen, eventuell auch eine Lösung anbieten, z.B. so: *„Du warst eben wütend, weil du gerne mit den Schuhen spielen wolltest. Vielleicht war dir etwas langweilig. Wir können zusammen etwas anderes suchen, mit dem du spielen magst."*

Diesen letzten Schritt können Sie auch gleich zu Anfang des Konflikts setzen, wenn Ihr Kind nicht emotional überwältigt, sondern nur etwas aufgebracht ist.

Diese Art der Unterstützung funktioniert im Grunde mit jeder Emotion und in jedem Alter. Bei älteren Kindern können Sie stärker verbal und weniger körperlich arbeiten, aber sogar einem Teenager kann eine feste Umarmung nach einem Wutanfall sehr wohltun.

Situation 7: Ihr Kind ist frustriert

Frustration erlebt Ihr Kind häufig im Angesicht von gesetzten oder natürlichen Grenzen – etwa, wenn Sie keine Zeit oder Lust haben mit ihm zu spielen, oder wenn etwas einfach nicht gelingen will, was das Kind ganz dringend tun möchte. Diese intensive Emotion entsteht aus einer Spannung zwischen Erwartung und Realität. Da es wichtig für die Entwicklung von Selbstdisziplin und Zielstrebigkeit ist, Frustration aushalten zu können, sollten Sie Ihrem Kind nicht augenblicklich helfen oder die unangenehme Situation beenden. Zunächst können Sie einfach das Problem anerkennen und bewerten (machen Sie sich dazu das Modell aus Situation 6 zunutze):

„Ich sehe, dass du gerne die Perlen auffädeln möchtest, und es klappt einfach nicht. Das kann wirklich ganz schön mühsam sein. Stimmt es, dass du dich ärgerst?“

Oft nimmt allein Ihre Anerkennung ein wenig Druck aus der Situation. Andernfalls können Sie vorsichtige Vorschläge machen, um Ihrem Kind aus seiner Frustration zu helfen und eine neue Perspektive zu eröffnen. Das können ganz konkrete Ideen sein, wie etwas besser funktionieren kann. Sie können ihm aber auch eine Pause vorschlagen und so verdeutlichen, dass (zeitweiliges) Scheitern etwas ganz Normales ist.

Manchmal sind die Erwartungen Ihres Kindes an sich, an Sie, an andere oder an die Umstände aber einfach nicht zu erfüllen. Scheuen Sie sich nicht, ehrlich zu sagen, wenn Sie etwas als nicht umsetzbar betrachten, ohne Ihr Kind zu entmutigen:

„Es sieht so aus, als würde dir die Zeichnung heute einfach nicht so gelingen, wie du möchtest. Das ist in Ordnung. Du kannst es morgen wieder versuchen.“

Oft muss sich die Frustration dann Luft machen. Lassen Sie Ihr Kind weinen und toben, wenn ihm das hilft. Auch wenn es sich über eine scheinbare Kleinigkeit aufregt, sollten Sie die Frustration nicht herunterspielen, denn für Ihr Kind ist die Enttäuschung ganz real.

Situation 8: Ihr Kind hat Angst

Der Umgang mit Angst ist ein wenig anders als die Ko-Regulierung bei Wut. Angst ist bei Kindern zumeist auf ganz bestimmte Dinge oder Situationen gerichtet, ob es sich nun um Trennungsangst, Angst vor Spinnen oder Angst vor Gewittern handelt. Allerdings können sich auch bei Kindern tiefere Unsicherheiten hinter Ängsten verbergen, die aber unbewusst bleiben und sich eher als „Phobie" äußern.

Die Herausforderung liegt nun darin, die Angst ernst zu nehmen und zugleich zu vermitteln, dass das Objekt der Angst harmlos ist oder Ihr Kind sich nicht beunruhigen muss. Es kann sehr schwierig sein, Ängste zu artikulieren und es bedarf womöglich viel Geduld und vieler Nachfragen von Ihrer Seite. Versuchen Sie zunächst herauszufinden, worauf sich die Angst genau richtet:

„Wenn ich dich ansehe, glaube ich, dass du Angst hast. Fürchtest du dich vor dem Gewitter?"

Wenn Ihr Kind nun bejaht, heißt das aber nicht, dass die Angst damit ausgedrückt und erklärt ist. Oft stecken nämlich andere, tiefere Ängste hinter einer solchen Phobie. Es sollte kein Tabu sein, auch über Dinge wie den eigenen Tod oder den Tod geliebter Menschen zu sprechen. Vermitteln Sie Ihrem Kind während des Gesprächs, dass Sie es beschützen und für es da sind. Oft wird empfohlen, das Kind dem, wovor es Angst hat auszusetzen und es so „abzuhärten". Das ist eine verhaltenstherapeutische Methode, die tatsächlich funktionieren kann. In Eigenregie sollten Sie aber nur darauf zurückgreifen, wenn Ihr Kind wirklich bereit für eine Konfrontation ist und das auch so sagt. Ansonsten sollten Sie die Angst weiterhin begleiten, wo sie eben auftritt, ohne aber das Objekt der Angst bewusst zu meiden.

Situation 9: Ihr Kind ist traurig

Traurigkeit ist eine Emotion, die bei Kindern häufig unterschätzt oder heruntergespielt wird. Dabei können wir sagen, dass schon ein älterer Säugling Trauer erlebt, wenn er kurzzeitig von der primären Bezugsperson getrennt wird. Aber auch der Verlust eines geliebten Spielzeugs oder das Ende eines tollen Tages wird von Kindern betrauert. Dieser Trauer soll unbedingt Raum gegeben werden, damit ein Kind lernt, dass auch Verluste etwas sind, was man überleben kann. Das gelingt aber nur, wenn man den Trauerprozess vom Anfang bis zum Ende durchlebt. [xxx] Trauer ist in gewissem Sinne der Kehrseite von unserer Fähigkeit zu lieben, uns zu freuen und zu genießen: Alles, was schön ist, geht irgendwann vorbei. Wenn man aber die Tränen und die Verzweiflung, mit der Kinder wie Erwachsene auf diese umfassende Vergänglichkeit reagieren, herunterspielt, wertet man auch das Objekt der Liebe oder die Quelle der Freude ab. Sagt man einem Kind etwa, es solle nicht traurig sein, weil sein Geburtstag vorbei ist, vermittelt man indirekt, der Geburtstag sei nicht so wichtig. Sie müssen mit der Traurigkeit Ihres Kindes nicht viel unternehmen, außer sie zuzulassen und zu unterstützen. Erst wenn die Tränen versiegt sind, können Sie mit der Aussicht auf andere schöne Ereignisse oder auf ein Wiedersehen mit einer Person, die Ihr Kind aktuell vermisst, Trost spenden.

Situation 10: Ihr Kind ist aufgeregt

Nicht jede große Emotion ist auch eine negative Emotion. Oft sind Kinder in Vorfreude auf oder inmitten eines schönen Ereignisses von der eigenen freudigen Erregung überfordert. Auch hier können Sie das Gefühl zunächst benennen und anerkennen. Bieten Sie Ihrem Kind dann eine kleine Ruhepause an, damit es wieder bei sich ankommen kann. Das wird im Eifer des Gefechts oft verweigert. Sie sollten deshalb nicht auf einer Auszeit bestehen, denn diese könnte zu ganz großer Frustration führen. Sie können aber versuchen, die Ruhepause zu „verpacken", indem Sie etwa etwas zu trinken anbieten oder vorschlagen, mit Ihrem Kind etwas zu spielen. Auch das Ausagieren in Rollenspielen (z. B. mit Spielzeugtieren oder -figuren) kann helfen, die große Aufregung zu verarbeiten.

Situation 11: Ihr pubertierendes Kind hat mit psychischen Herausforderungen zu kämpfen

Dadurch, dass sich im Alter zwischen etwa zwölf und 20 Jahren der Hormonhaushalt und das Gehirn so stark verändern, leiden viele Teenager manchmal unter Stimmungsschwankungen, Traurigkeit oder Depressionen. Außerdem machen Menschen in diesem Alter auch schmerzhafte Erfahrungen wie Beziehungsabbrüche, Ablehnung durch andere, Zukunftsängste, Versagen, Probleme in der Schule, etc. Als Bezugsperson können Sie einfach ruhig verfügbar bleiben, wenn Sie merken, dass es Ihrem pubertierenden Kind nicht gut geht. Es ist einerseits wichtig, dass ein junger Mensch lernt, Rückschläge und schwierige Emotionen selbst zu verarbeiten.

Aber trotzdem braucht er dabei oft noch Unterstützung und ein wütendes „Das verstehst du doch sowieso nicht!“ heißt sehr oft eher: „Ich brauche dringend Hilfe, aber ich möchte, dass du mich wirklich siehst und verstehst.“

In diesem Alter können Sie sehr viel Raum für Selbstmitteilung lassen, wenn es Ihrem Kind schlecht geht. In der Pubertät ist man mitunter sensibel, was fremde Zuschreibungen und Urteile angeht. Ihr Kind weiß am besten, wer es ist und Sie sollten seinem Selbsturteil vertrauen. Zusätzlich können Sie vermitteln, dass schwierige Erfahrungen wie auch depressive Phasen oder Ängste zum Leben dazugehören:

„Auch ich fühle mich manchmal niedergeschlagen/ängstlich/verzweifelt. Dann habe ich das Gefühl, dass ich nie mehr froh sein werde. Aber das stimmt nicht. Mir hilft dann ein Spaziergang/Musik hören/einen Film ansehen/mit jemandem darüber sprechen.“

Wenn Ihr Kind Schwierigkeiten hat, sich Ihnen gegenüber zu öffnen oder nicht sagen möchte, was ihm fehlt, braucht es oft besonders viel Unterstützung. Fragen Sie eher häufiger nach, wie es ihm geht, ohne es zu bedrängen. Bieten Sie in der Pubertät ruhig auch an, dass Ihr Kind mit einer außenstehenden Person oder einem/r Therapeuten/in sprechen kann, wenn es sich damit wohler fühlt. Wenn Ihr Kind aber klar und souverän sagt: „Es ist in Ordnung, ich komme mit diesem Problem gut selbst zurecht. Ich gebe dir Bescheid, wenn ich dich brauche!“ können Sie es dabei belassen.

Situation 12: Ihr Kind ist anderen gegenüber unfreundlich oder aggressiv

Eine empathische und bedürfnisorientierte Erziehung wird Ihrem Kind dazu verhelfen, auch selbst gut mit anderen umzugehen. Das bedeutet aber keineswegs, dass es niemals aggressiv sein wird und Konflikte immer friedlich lösen kann. Gerade unter Gleichaltrigen gibt es manchmal heftige Auseinandersetzungen, Ihr Kind wird Wutausbrüche erleben und mit seinen aggressiven Impulsen konfrontiert sein. Nichts davon ist schlecht oder falsch. Aber Ihr Kind soll lernen, wie es auf eine Weise mit diesen Impulsen umgehen kann, die für es selbst und andere hilfreich sind. Dazu gehört auch, kleinere Konflikte selbst zu lösen. Wann immer Sie beobachten, dass Ihr Kind aus Frustration oder Wut schlecht mit anderen umgeht und die Situation in Richtung Eskalation geht, können Sie (altersgemäß angepasst) nach diesem Schema handeln:

- Gehen Sie auf Augenhöhe mit dem eigenen Kind
- Beschreiben Sie die Situation und die Emotionen, die Sie beobachten können: *„Mir scheint, Lilli hat dein Pferd genommen und du wolltest noch damit spielen. Das macht dich wütend."*
- Wenn Ihr Kind in einer Konfliktsituation handgreiflich wird, müssen Sie zunächst sich und andere schützen. Am besten, Sie blocken die Schläge oder Tritte ruhig ab und sagen: *„Ich lasse dich niemanden schlagen. Du kannst aber dieses Kissen hier schlagen."*
- Vermeiden Sie es eher, Ihr Kind wegzutragen. Das gibt ihm

nicht nur ein Gefühl des Ausgeliefertseins, es verhindert auch eine Lösung des Konflikts. Versuchen Sie stattdessen, es zu trösten und ihm bei der emotionalen Regulierung zu helfen.

- Hat sich Ihr Kind wieder beruhigt, arbeiten Sie in Richtung Versöhnung und Lösung. Pochen Sie nicht auf eine Entschuldigung, denn diese sollte von Herzen kommen. Sie können sich aber anstelle Ihres Kindes entschuldigen und dann beide Parteien fragen, was ihnen jetzt helfen würde. Nachdem Sie zugehört haben, können Sie selbst Vorschläge machen: *„Wenn dir Lilli das Pferd zurückgibt, meinst du, sie kann dafür mit der Giraffe spielen? Lilli, wäre das in Ordnung für dich?"*
- Solidarisieren Sie sich nicht automatisch mit der anderen Seite: Ihr Kind muss in einer für es schwierigen Situation fühlen, dass Sie es unterstützen. Seien Sie empathisch und bleiben Sie ansonsten unparteiisch.

Situation 13: Ihr Kind ist Ihnen gegenüber unfreundlich oder aggressiv

In dieser herausfordernden Situation, die gerade in der Autonomiephase oder in der Pubertät häufiger vorkommen kann, müssen Sie gut auf sich selbst achten. Die Beziehung zu ihrem Kind ist für viele Eltern die engste und vertrauteste in ihrem ganzen Leben. Da ist es verständlich, dass verletzende Worte, ablehnendes Verhalten oder Gewalt vonseiten des Kindes wehtun, Angst machen oder Trauer auslösen. Wenn Ihr Kleinkind also das nächste Mal „Saublöder Papa, du!" oder „Ich hasse dich, du machst mein Leben kaputt!" sagt, bleiben Sie ein paar Sekunden bei sich und spüren Sie nach, welche Gefühle das auslöst. Wenn Sie merken, dass Sie sehr verletzt sind, befassen Sie sich, wenn möglich, später mit diesen Gefühlen. Es könnte sein, dass sich dahinter eine schmerzhafte Bindungserfahrung verbirgt – das kann ein Konflikt mit den eigenen Eltern in der Kindheit gewesen sein, aber auch eine Trennung im Erwachsenenalter.

Machen Sie sich außerdem bewusst, was hinter den Äußerungen Ihres Kindes stehen könnte. Kaum je meinen Kinder wirklich: „Ich mag dich nicht und ich brauche dich nicht mehr." Ganz im Gegenteil, sie können solche Grenzüberschreitungen oft nur wagen, wenn sie sich bedingungslos geliebt fühlen. Auch wenn Wut und Aggression Distanz zwischen Menschen schaffen, sind sie eigentlich oft ein Ruf nach Nähe und Verständnis.

Die schwierige Aufgabe für Sie ist nun, die eigene Verletzung authentisch zu zeigen und Ihrem Kind gleichzeitig zu sagen: *„Ich verstehe dich und ich kann deine Wut aushalten. Auch wenn du schlecht mit mir umgehst, liebe ich dich und möchte dir helfen."* Dazu ist es essenziell, dass Sie Ruhe und Gelassenheit ausstrahlen können. Wenn Sie dazu aus der Situation gehen müssen, tun Sie es ruhig und kehren dann geklärt zu Ihrem Kind zurück. Sagen Sie etwa:

„Du scheinst dich über mich zu ärgern. Ärger ist in Ordnung, aber ich möchte auch, dass wir uns gut verstehen und friedlich zusammenleben, denn ich habe dich sehr lieb. Kannst du mir noch einmal erklären, was dich so geärgert hat?"

Eine andere Geschichte ist es, wenn Ihr Kind gar nicht wütend ist und die Schimpfwörter vielleicht nur ausprobieren möchte. In diesem Fall gehen Sie am besten so wenig wie möglich auf die „Beleidigungen“ ein. Wenn Sie sich sehr gekränkt fühlen, können Sie das aber ganz nüchtern sagen und darum bitten, dass das Kind damit aufhört:

„Du sagst ja heute immer ‚Blöde Kuh‘ zu mir. Ich finde auch, dass manche Schimpfwörter ganz schön lustig klingen. Aber ich mag es viel lieber, wenn du einfach ‚Mama‘ zu mir sagst.“

Wird Ihr Kind Ihnen gegenüber körperlich aggressiv, können Sie ganz gleich reagieren, wie wenn es anderen wehtut: Das Gefühl anerkennen, in Kontakt bleiben, die Handgreiflichkeiten abwehren, Trost spenden, später darüber sprechen.

Situation 14: Ihre Kinder streiten miteinander

Bei Konflikten zwischen Geschwistern (oder auch FreundInnen) heißt es, lösungsorientiert zu bleiben. Die Frage, die uns so häufig über die Lippen kommt – „Wer hat angefangen?“ – ist meist nicht nur schwer zu beantworten, sondern auch irrelevant. Konflikte mit Menschen, die wir gernhaben gehören zu Leben dazu und Kinder sollten nicht lernen, dass Streit falsch ist, sondern wie sie richtig streiten können. Dabei muss es erlaubt sein, die eigenen Gefühle der Wut und Frustration auszudrücken, ohne dabei jemanden zu verletzen. Auch hier gilt: Ist körperliche Gewalt im Spiel, müssen zunächst alle Beteiligten geschützt werden. Sie können die Kinder hierzu sanft voneinander trennen und notfalls auch in verschiedene Räume bringen. Sobald die Gefühle ausgedrückt sind und alle Kinder wieder halbwegs ruhig sind, übernehmen Sie die Rolle des/der Mediators/in:

„Ich habe gehört, dass Ihr wegen des Legos miteinander gestritten habt. Ihr könnt mir gleich beide erzählen, was den Streit ausgelöst hat.“

Dass alle Beteiligten Ihre Sichtweise darlegen können und dabei auf Verständnis stoßen, kann die Verbitterung und Wut schon gänzlich auflösen. Sie können eine alternative Sichtweise anbieten, wenn Ihnen das richtig vorkommt: *„Ich denke, Leo wollte dich nicht ärgern. Ich vermute, er hatte einfach Lust mit dem Auto zu spielen.“*

Anschließend können Sie wieder fragen, wie eine mögliche Lösung aussehen könnte oder eigene Vorschläge dazu machen.

Situation 15: Ihr Kind hat ein kleines Geschwisterchen bekommen

Dieses für alle so freudige, aber auch umwälzende Ereignis kann besonders für bisherige Einzelkinder auch schmerzhaft sein. Wenn ein neues Kind in die Familie kommt, ist das besonders für die Eltern sehr anstrengend und sie wünschen sich naturgemäß, dass die Stimmung ruhig und harmonisch ist. Für ein älteres Geschwisterkind ist dieser Umbruch aber ganz existenziell und wird oft nicht nur positiv erlebt. Sollten Gefühle der Eifersucht, Trauer und Wut aufkommen, darf Ihr Kind diese ausdrücken und sollte dabei auch Unterstützung bekommen. Die Wut entlädt sich oft auf das hilflose kleine Geschwisterchen, aber sie richtet sich im Innersten gegen die Eltern, die nun nicht mehr so verfügbar sind wie früher. Gehen Sie auf diese oder ähnliche Weise mit der Eifersucht des älteren Kindes um:

„Ich habe vorhin bemerkt, dass du deine Schwester gezwickt hast. Da habe ich mir gedacht, dass du bestimmt wütend bist. Findest du auch, dass alles ganz anders geworden ist, seit deine kleine Schwester bei uns ist?“ Lassen Sie Ihrem Kind hier ein wenig Raum, sich auszudrücken. *„Ich vermisse manchmal unser altes Leben, du auch? Für mich ist jetzt auch alles neu und ganz schön anstrengend. Und ich bin so froh, dass ich dich habe. Ich habe dich genauso lieb wie früher und du bist immer noch mein Kleiner. Du hast wohl oft das Gefühl, dass ich nicht mehr so viel Zeit für dich habe wie früher. Aber ich bin immer da, wenn du mich brauchst. Wollen wir jetzt zusammen etwas spielen?“*

Es wird oft gesagt, man solle das ältere Kind viel in die Pflege des Babys involvieren, aber der Impuls dazu sollte vom großen Geschwisterchen selbst kommen. Verdeutlichen Sie eher, dass das große Kind immer noch klein sein darf. Dann ist regressives Verhalten (Daumen lutschen, aus der Flasche trinken, in die Hose machen) womöglich weniger notwendig für den/die Ältere. Finden Sie außerdem kreative Wege, mit beiden Kindern gemeinsam Zeit zu verbringen. Während das Kleine gefüttert oder gestillt wird, können Sie sich mit dem großen Kind unterhalten oder ein Buch anschauen. Wenn das Baby bei Ihnen in der Trage schläft, ist auch ein Besuch am Spielplatz, ein Spaziergang oder ein Brettspiel drin.

Der Umgang mit gesellschaftlichen Konventionen

Situation 16: Ihr Kind zeigt keine guten Manieren

Die Frage von gutem Benehmen – vor allem in Gesellschaft von Außenstehenden – ist mitunter Anlass für Konflikte in der Familie. Eltern wissen zudem oft nicht, wie sie unhöfliches Verhalten verändern können ohne zu schimpfen. Manieren sind zuallererst Konventionen, das heißt, ein Kind eignet sie sich nicht automatisch an. Aber welche Form der Anregung oder Sanktionierung kann dabei helfen?

Wenn Sie der Meinung sind, Ihr Kind würde schlechte Manieren zeigen, weisen Sie es besser nur darauf hin, wenn es sich um eine sichere Situation handelt – also z. B. zu Hause oder in Gesellschaft von vertrauten Menschen.

Versuchen Sie auch, zu erklären, warum bestimmte Konventionen wichtig sind, und seien Sie sich Ihrer eigenen Motivation bewusst. Ansonsten bekommt Ihr Kind das Gefühl, was Außenstehende denken sei wichtiger als vernünftige Gründe. Sagen Sie Ihrem Kind etwa:

„Mir ist aufgefallen, dass du eben in der Nase gebohrt hast. Ich möchte, dass andere Menschen sich bei dir wohlfühlen und gerne mit dir zusammen sind. Es könnte aber sein, dass sie sich ekeln, wenn du in der Nase bohrst. Das kannst du machen, wenn du alleine bist, und nachher wäschst du deine Hände. Wenn du etwas in der Nase hast, gehst du am besten schnell ins Bad."

Wichtig ist, dass Sie Ihr Kind nicht abwerten, wenn es schlechte Manieren zeigt, ihm aber vermitteln, dass ein bestimmtes Verhalten nicht in Ordnung ist und welches alternative Verhalten besser wäre.

Eine spezielle Frage betrifft die verbale Höflichkeit, etwa „Bitte" und „Danke" sagen oder andere Personen begrüßen. Ein Kleinkind sollten Sie nicht dazu drängen, sich etwa zu bedanken, denn soziale Situationen sind oft überfordernd und Ihr Kind braucht Ihre Solidarität. Seien Sie stattdessen ein gutes Vorbild und bedanken Sie sich anstelle Ihres Kindes. Auf diese Weise kann es lernen, dass Dankbarkeit ein Ausdruck von Freude und Verbundenheit sein kann und mehr ist als bloße Konvention. Zurückhaltende Kinder tun sich oft viele Jahre lang schwer in der Kommunikation mit Unbekannten. Das können Sie auch so akzeptieren. Erst wenn Ihr Kind sehr viel alleine unterwegs ist und auch das nötige Selbstbewusstsein zeigt, können Sie es wie im Beispiel vom Nasenbohren darauf hinweisen, wie es sich freundlich und höflich verhalten kann.

Situation 17: Ihr Kind kann sich in Gemeinschaften nicht gut eingliedern

Die Kinderkrippe oder der Kindergarten ist normalerweise der früheste Kontext, in dem ein Kind Teil einer Gesellschaft wird. Er stellt eine kleine Modell-Gemeinschaft mit unterschiedlichen Rollen dar. Nicht allen Kindern fällt es immer leicht, in dieser neuen Situation Fuß zu fassen. Das Leben in der Familie ist doch sehr anders: Die Eltern kennen die Gewohnheiten ihres Kindes genau, deshalb ist das Vertrauen auch ganz groß. Bei der Tagesmutter, in der Kindertagesstätte und noch mehr in der Schule ist das anders. Es kann nicht allzu sehr auf die Bedürfnisse einzelner Kinder eingegangen werden. Vielmehr muss sich jeder und jede in die Gemeinschaft eingliedern und ein wenig zurücknehmen. Auf diese schwierige Anforderung reagieren nicht alle Kinder gleich: Manchen fällt es recht leicht, andere „tanzen aus der Reihe" und verhalten sich aufmüpfig oder anarchistisch; wieder andere wollen in der Einrichtung gar nicht bleiben, vermissen ihre Eltern und leiden unter Trennungsängsten. Diese sind oft sehr hartnäckig und ungewollte Trennungen verstärken das Problem oft noch.

Ideal für den Eintritt in eine Gemeinschaft (sogar in eine Babyspielgruppe) ist es, wenn die Eltern den Prozess zurückhaltend begleiten. Das Kind sollte nicht gedrängt, sondern maximal sanft dazu ermutigt werden, in die Gruppe zu gehen. Entscheidend für Kinder bis weit in die Schulzeit hinein ist, dass sie eine Bindungsperson in der Institution haben, der sie vertrauen können. Das ist sowohl für zurückhaltende wie für extrovertierte Kinder gut. Erstere können sich dann in der Gruppe sicher und anerkannt fühlen; letztere haben durch die Bindung an eine Betreuungsperson ein Korrektiv an ihrer Seite, das helfen kann, impulsives Verhalten zu regulieren.

Wenn Ihr Kind in einer Gemeinschaft Schwierigkeiten hat – auch wenn es so aussieht, als wäre es stets der „Unruhestifter" – braucht es Ihre Solidarität. Das problematische Verhalten zu korrigieren ist letztlich Aufgabe der ErzieherInnen und Sie können nicht beeinflussen, wie Ihr Kind sich in der Kita benimmt. Versuchen Sie zu Hause vorsichtig die Gründe für das Unwohlsein des Kindes in Gemeinschaft zu ergründen. Hier können Sie stark lösungsorientiert arbeiten und fragen:

„Was brauchst du, damit du dich in der Kita wohlfühlen kannst?"

Vielleicht handelt es sich um etwas ganz Einfaches, das auch für die Einrichtung akzeptabel ist: Ein unsicheres Kind möchte vielleicht gern ein Stofftier mitnehmen, ein extrovertiertes Kind braucht womöglich einmal pro Tag die ungeteilte Aufmerksamkeit einer Betreuungsperson. Probleme in Kindergarten und Schule sind aber auch einer der häufigsten Anlässe für therapeutische Hilfe im Kindesalter – scheuen Sie sich also keineswegs, sich ein wenig professionell unterstützen zu lassen, sollte es nötig sein.

Situation 18: Ihr Kind möchte nicht teilen

In Spielsituationen tritt schon bei Säuglingen manchmal das Problem auf, dass zwei Kinder dasselbe Objekt haben können. Die Reaktion wohlmeinender Eltern ist dann sehr oft, das eigene Kind zum Verzicht aufzufordern – auf diese Weise soll es lernen, zu teilen. Was es dadurch aber tatsächlich lernt ist, dass es einen äußeren Zwang gibt, auf etwas zu verzichten, was man gerne möchte. Das, was wir unter „teilen" verstehen, sollte aber von Herzen kommen. Schon sehr kleine Kinder sind dazu völlig von sich aus in der Lage und können ungemein großzügig sein. Deshalb sollte teilen grundsätzlich nicht erzwungen sind. Die Faustregel lautet stattdessen: Über die Dinge, die dem Kind gehören, darf es selbst verfügen. Wenn es nicht möchte, dass ein anderes Kind damit spielt, ist das in Ordnung. Ihre Aufgabe kann es dann sein, das andere Kind zu trösten und ihm ein anders Objekt anzubieten. Ähnliches gilt mit Gemeinschaftseigentum, etwa am Spielplatz oder im Kindergarten: Wenn ein Kind gerade mit etwas beschäftigt ist, muss es diesen Gegenstand nicht hergeben, bevor es damit fertig ist. Sie können aber zu ihm sagen:

„Ich glaube, Greta möchte auch gerne das Puzzle machen. Wenn du damit fertig bist, gibst du es ihr dann?"

Es wird sich oft herausstellen, dass ein Kind, das sich solcherart respektiert fühlt, viel eher bereit zum Teilen und Verzichten ist.

Der Umgang mit Grenzen

Situation 19: Ihr Kind bringt sich selbst oder andere in Gefahr

Gefährliche Situationen sind das beste Beispiel für die „schützende Anwendung von Macht" nach Marshall B. Rosenberg [xxxi]. Im Gegensatz zur „strafenden Anwendung von Macht" [xxxii] (etwa Schimpfen, körperliche Gewalt oder negative Konsequenzen) geht es dabei nicht darum, eine Person zu manipulieren. Die schützende Anwendung von Macht kommt nur ins Spiel, wenn aus verschiedenen Gründen (Zeitmangel, emotionaler Aufruhr, etc.) kein klärendes Gespräch möglich ist. Mit einem Kleinkind kann auch nicht alles ausdiskutiert werden, weil ihm der Wortschatz dazu fehlt. Dann ist es wichtig, dass Sie als Eltern eingreifen und sich auch Ihre körperliche Überlegenheit zunutze machen. Das ist im

Straßenverkehr des Öfteren nötig, aber auch bei wilden Spielen, besonders mit kleinen Geschwistern, bei riskanten Kletterpartien oder beim Erforschen von gefährlichen Gegenständen. Wenn Sie ein paar Sekunden Zeit zum Überlegen haben, suchen Sie nach einer Möglichkeit, wie Sie die Umgebung verändern können anstatt Ihr Kind einzuschränken. Oft genug müssen Sie aber sofort handeln und dann ist es unbedingt „erlaubt", ihr Kind zu packen, seine Hand festzuhalten, es wegzutragen o. Ä. Das ist für das Kind eine schmerzliche und manchmal auch demütigende Erfahrung. Wenn Sie beide wieder ganz ruhig sind, erklären Sie:

„Ich habe dich eben festgehalten, weil vor dir ein Auto vorbeigefahren ist. Ich hatte große Angst um dich und wollte dich beschützen. Deshalb habe ich dich so fest gepackt. Habe ich dir wehgetan?"

Situation 20: Ihr Kind möchte mit Dingen spielen, die für es nicht geeignet ist

Speziell in den ersten zwei Lebensjahren sind Alltagsgegenstände für Kinder deutlich anziehender als die eigenen Spielsachen. Oft lassen sich die Kleinen mit ungefährlichen Schneebesen, Holzdosen, Seidentüchern oder Haarbürsten begeistern. Aber leider sind auch Steckdosen, Kabel, Messer und Putzmittel ungemein faszinierend. Grundsätzlich sollten Sie versuchen, gefährliche Gegenstände so gut wie möglich außer Reichweite des Kindes zu platzieren oder abzusichern. Im Fall der Hundeschüssel, der Toilette oder des Kabels der Stehlampe ist das nicht so gut möglich. So können Sie Ihr Kind sanft davon abhalten, mit ungeeigneten Objekten zu spielen:

„Ich sehe, dass du dir gerne die Steckdose ansehen möchtest. Das lasse ich dich nicht, denn dabei könntest du dir sehr wehtun. Es ist mir wichtig, dass dir nichts passiert. Wir könnten uns stattdessen ansehen, was in dieser Schublade hier drin ist."

Gerade Kleinkinder in der ersten „Entdeckerphase" können auf eine solche Grenzsetzung mit großer Frustration reagieren. Begleiten Sie Ihr Kind dann nach dem Muster aus Situation 6 durch seine Emotionen, bis es sich etwas anderem zuwenden kann. Vermeiden Sie es aber, Ihr Kind wegzutragen, denn dadurch fühlt es sich noch ausgelieferter und eingeschränkter. Blockieren Sie stattdessen den „verbotenen" Gegenstand mit Ihren Händen oder stellen/setzen Sie sich zwischen das Objekt und Ihr Kind.

Situation 21: Ihr Kind geht destruktiv mit eigenem oder fremdem Besitz um

Gegenstände auf Ihre Stabilität und Beschaffenheit zu testen ist bis zu einem gewissen Alter (etwa bis zum späteren Kindergartenalter) ein häufig vorkommendes Verhalten. Auch wenn es Erwachsene oft zur Weißglut treiben kann: Ein Kleinkind lernt dadurch eine ganze Menge über Materialien und Beschaffenheit und auch darüber, ob man etwas reparieren kann oder nicht. Wenn es dieses Erfahrungswissen verinnerlicht hat, sollte das Verhalten langsam abflauen. Wenn ein Kind später bewusst Sachen kaputt macht, ist das mitunter als Ruf nach Aufmerksamkeit gemeint oder dient dem Abreagieren. Je nach Situation müssen Sie selbst abschätzen, ob Erkenntnisdrang oder Frustration hinter dem „Kaputtmachen" stehen. Dann können Sie auf etwas unterschiedliche Weise damit umgehen. Bei empfindlichen oder gefährlichen Objekten müssen sie zunächst eingreifen, um zu verhindern, dass etwas kaputt geht oder jemand verletzt wird:

„Ich lasse dich nicht das Glas auf den Boden schmeißen, denn es könnte kaputtgehen. Ich stelle das Glas inzwischen weg."

Ähnlich können Sie auch reagieren, wenn der Gegenstand jemand anderem gehört:

„Ich kann dich nicht die Puppe von Theo kaputt machen lassen. Das würde ihn traurig und wütend machen."

Unempfindliche Objekte, die dem Kind selbst gehören oder „Allgemeingut" sind, soll es ein wenig bearbeiten dürfen – insoweit Sie ein gutes Gefühl damit haben.

Dann gilt es herauszufinden, weshalb Ihr Kind überhaupt so mit dem betreffenden Ding umspringt. Geht es darum, einfach auszuprobieren, was damit passiert, können Sie vielleicht gemeinsam etwas anderes finden, das man problemlos werfen kann. Wenn Ihr Kind sich abreagieren muss, hat es eine gangbare Strategie gefunden: Sich an einem Gegenstand zu vergreifen ist jedenfalls besser, als einem anderen Menschen wehzutun. Auch hier machen Sie sich am besten auf die Suche nach einem alternativen Objekt, oder Sie bieten ein wenig Verständnis und Trost für die Frustration des Kindes an.

„Es sieht so aus, als wärst du ein wenig frustriert und würdest deshalb die Bauklötze werfen. Das lasse ich dich nicht machen, denn da könntest du jemandem wehtun. Möchtest du vielleicht diese Bälle hier werfen?"

Wenn Ihr Kind etwas ruhiger geworden ist, können Sie nochmals nachfragen, weshalb es so frustriert war.

Der Umgang mit Fehlern oder Versagen

Situation 22: Ihr Kind hat etwas kaputt gemacht oder verloren

Wenn Kinder (scheinbar) achtlos mit ihrem eigenen oder auch fremden Besitz umgehen, kann das Eltern sehr wütend machen – vor allem, wenn es häufiger passiert. Dann ist man schnell zur Hand mit pauschalen Urteilen wie: „Du kannst nie auf deine Sachen aufpassen!" oder: „Ständig machst du etwas kaputt!"

So etwas kommt einem schon mal über die Lippen, auch wenn man sehr gut weiß, dass das Kind es nicht absichtlich getan hat und selbst ganz zerknirscht ist. Wie Sie mit Ihrem kleinen Schussel am besten umgehen, ist vor allem abhängig vom Alter. Kleinkinder sind z. B. von ihrer neuronalen Reife her kaum in der Lage dazu, ihre Siebensachen beieinander zu halten. Erst ab dem späten Kindergartenalter können Sie auch von Ihrem Kind erwarten, dass es auf Regenjacke, Rucksack und Handschuhe achtgeben kann – und auch in diesem Alter sollten Sie noch sehr tolerant sein. Ist es doch einmal passiert, dass ein Kleidungsstück oder Spielzeug verloren gegangen ist, sagen Sie etwa:

„Deine Mütze ist jetzt nicht mehr da. Das macht mir Sorgen, denn du brauchst ja eine Mütze, wenn es draußen kalt ist. Was könnte dir helfen, dass du auf deine Mütze immer gut aufpassen kannst?"

Hier können Sie langsam anfangen, Strategien zu vermitteln, die Ihrem Kind dabei helfen können, nichts mehr zu verlieren. Dabei geht es letztlich immer darum, eine Routine zu erlernen. Wenn z. B. alles im Rucksack oder in der Winterjacke seinen festen Platz hat, kann ihr Kind sich immer schnell vergewissern, dass alles da ist. Ab dem Schulalter kann es auch binnen weniger Wochen lernen, routiniert bei jedem Ortswechsel im Kopf durchzugehen, welche Sachen es bei sich haben sollte, z. B.: „Fünf Dinge: Jacke, Mütze, Schal, zwei Handschuhe, Rucksack." Zunächst können Sie diese Routine begleiten und jedes Mal danach fragen, wenn Sie mit Ihrem Kind aus dem Haus gehen.

Ein wenig anders ist es, wenn Ihr Kind gelegentlich Sachen kaputt macht – etwa Geschirr, das ihm hinunterfällt. Hier ist ein gelassener, aber ernster Umgang mit dem Fehler am besten:

„Oh, das Glas ist zu Boden gefallen und kaputt gegangen. Sieh mal, hier sind Besen und Kehrschaufel, das machen wir jetzt zusammen sauber."

Besonders wichtig ist, dass Ihr Kind die natürlichen Konsequenzen seines Fehlers erlebt, also: Der Gegenstand ist kaputt, man muss ihn wegräumen und in den Müll werfen, oder reparieren, wann immer das möglich ist – auch hier kann das Kind dabei sein und helfen.

Um unsere Kinder zu trösten, wenn etwas kaputt oder verloren gegangen ist, neigen wir schnell zur Versicherung, dass man den Gegenstand ersetzen kann. Zumeist kann man das auch problemlos. Trotzdem soll ein Kind nicht im Glauben aufwachsen, dass es alles in tausendfacher Ausführung gibt und es deshalb nicht nötig ist, achtsam mit Gegenständen umzugehen. Es reicht, wenn Sie sagen: *„Dieses Spielzeug ist jetzt kaputt. Das ist nicht schlimm, aber ein wenig schade, denn du hast gerne damit gespielt."*

Des Weiteren können Sie Wege aufzeigen, wie Ihr Kind achtsam mit empfindlichen Dingen umgehen kann, z. B. ganz festhalten, beim Gehen gut konzentrieren, nicht zu viel an andere Dinge denken, etc. Achtsamkeitsübungen können hier sehr hilfreich sein, etwa indem Sie mit Ihrem Kind erforschen, wie sich verschiedene Gegenstände anfühlen, wie schwer, glatt, rutschig oder weich sie sind und wo man sie besonders gut festhalten kann.

Situation 23: Ihr Kind hat Sie angelogen

Wenn Ihr Kind Sie einmal anlügt, kann es sein, dass Sie das sehr beunruhigt und Sie es als Warnsignal deuten: Für eine mangelhafte Beziehung zwischen Ihnen, für eine Charakterschwäche Ihres Kindes oder dafür, dass es Geheimnisse vor Ihnen hat. Es gibt grundsätzlich zwei Gründe, wieso Ihr Kind Sie anlügen sollte:

- Ganz einfach, weil es das kann: Etwa mit drei bis vier Jahren lernen Kinder, die Wahrheit zu modifizieren und sie verstehen außerdem, dass andere nicht automatisch dasselbe Wissen haben wie sie selbst. Das ist ein enormer Entwicklungsschritt.

Gleich anschließend beginnt die sogenannte „magische Phase“, die bis ins frühe Schulalter andauern kann. Da ist es ganz normal, dass ein Bär das Pausenbrot gefressen hat oder soeben eine Hexe im Kinderzimmer zu Besuch war. Mit dieser Art der Lüge gehen Sie am besten tolerant um und schimpfen nicht mit Ihrem Kind. Sie dürfen aber gerne Ihre Sichtweise äußern: *„Tatsächlich, bei dir war eine Hexe? Ich habe ja nur Hanna aus deinem Zimmer kommen sehen.“* Wenn Sie Lust haben, können Sie aber auch nach der Hexe fragen. Es ist eigentlich überflüssig darauf hinzuweisen, dass es keine Hexen gibt. Auf einer Ebene weiß Ihr Kind das ganz genau. Auf einer anderen Ebene sind solche fantastischen Elemente aber ganz wichtig für die Weltdeutung und stellen einen dafür notwendigen Entwicklungsschritt dar.

- Weil es Angst hat oder unsicher ist: Nicht nur, wenn Ihr Kind Sie direkt anlügt, auch wenn es etwas verschweigt, das es beschäftigt, liegt das womöglich daran, dass es Ihre Reaktion fürchtet. Das bedeutet nicht, dass es erwartet, Sie würden schimpfen oder es ablehnen. Auch Unverständnis oder ein schiefer Blick können eine unangenehme Aussicht darstellen, wenn man etwas Wichtiges loswerden muss. Die Grundlage für eine vertrauensvolle Gesprächsebene, in der Ihr Kind sich leichttut, Ihnen die Wahrheit zu sagen, beginnt im Kleinkindalter. Passen Sie etwa auf, dass Sie nicht schimpfen, wenn Ihr Kind etwas ausgefressen hat und Ihnen das Ergebnis zeigt. Sagen Sie dann möglichst neutral: *„Gut, dass du mir das gezeigt hast. So etwas sollte besser nicht passieren. Komm, wir räumen gemeinsam auf.“* Es ist auch für die Sicherheit Ihres Kindes wichtig, dass es das Gefühl hat, Ihnen alles sagen zu dürfen.

Geheimnisse und Drohungen sind nämliche wichtige Merkmale von missbräuchlichen oder gewaltvollen Beziehungen. Wenn Ihr Kind zu keiner Zeit Angst vor Ablehnung oder Strafe hat, wird es Ihnen auch sofort Bescheid geben, wenn es etwas erlebt hat, was ihm unangenehm oder unverständlich war.

Wenn Sie sich ganz sicher sind, dass Ihr Kind Sie in einer konkreten Situation angelogen hat, können Sie beispielsweise so darüber sprechen:

„Gestern hast du mir erzählt, Jan hätte die Fensterscheibe im Erdgeschoss kaputt gemacht. Die Nachbarin hat mir gerade gesagt, sie hätte gesehen, dass du das warst. Vielleicht dachtest du, das könntest du mir nicht erzählen. Aber das kannst du immer, ich bin dir nicht böse. Wir müssen nur gemeinsam eine Lösung finden.“ Sie sollten es aber grundsätzlich tolerieren, wenn Ihr Kind Ihnen nicht alles erzählen möchte oder manchmal schweigt, wenn Sie fragen: „Wie war es heute in der Schule?“ Es soll in einer Familie auch möglich sein zu sagen: „Darüber will ich jetzt nicht reden.“

Situation 24: Ihr Kind hat schlechte Noten oder Probleme in der Schule

Schwierigkeiten in der Schule geben den Eltern des betroffenen Kindes oft Rätsel auf. Es ist nicht immer leicht nachzuvollziehen, welche Rolle das eigene Kind in einer Gemeinschaft einnimmt, in die man selbst keinen Einblick hat. Und besonders wenn es Schwierigkeiten hat, mag das Kind auch gar nicht viel aus der Schule erzählen. Wichtig für Sie ist einerseits eine gute Kommunikation mit den LehrerInnen (auch wenn Sie es so empfinden, dass diese Ihr Kind ungerecht behandeln oder falsch einschätzen) und andererseits eine vertrauensvolle Beziehung zu Ihrem Kind. Wenn dieses Angst hat, dass Sie schimpfen oder enttäuscht sind, kann es sich nur sehr schwer öffnen. Für Sie ist es andererseits vielleicht schwierig, ruhig zu bleiben, denn die schulische Laufbahn ist für die wenigsten Menschen eine ganz unbelastete Sache und viele haben noch mit dem Erwartungsdruck der eigenen Eltern zu kämpfen.

Versuchen Sie also zunächst aus verschiedenen Perspektiven zu erfahren, was nicht so gut läuft – egal, ob es sich um die Leistung oder die soziale Einbindung Ihres Kindes handelt. Sie können die Einschätzung der LehrerInnen durchaus teilen, aber vermitteln Sie Ihrem Kind so gut als möglich, dass Sie auf seiner Seite sind. Machen Sie sich als nächstes bewusst, weshalb die Situation für Sie ein Problem ist – und weshalb Sie für Ihr Kind ein Problem sein könnte. Wenn Sie hier eine Spannung feststellen, sehen Sie unbedingt genauer hin: Es ist z. B. ein sehr legitimer Wunsch, wenn Sie als Eltern gerne möchten, dass Ihr Kind gute Noten hat. Womöglich teilt Ihr Kind diesen Wunsch aber nicht, und dann gilt es herauszufinden, weshalb. Leidet es vielleicht unter Versagensängsten? Hat es ein geringes Selbstvertrauen und meint, dass es gar nicht mehr schaffen kann? Oder ist es für Ihr Kind ganz einfach nicht so wichtig, gute Noten zu haben? Auch wenn Ihr Kind beispielsweise ein/e Außenseiter/in ist, kann Sie das sehr beunruhigen, aber es muss nicht sein, dass Ihr Kind gleich empfindet. Deshalb ist es sehr wichtig, Raum für seine Sichtweise zu lassen, wenn Sie etwa sagen:

„Deine Lehrerin hat mir gesagt, dass du im Unterricht oft unaufmerksam bist oder etwas anderes tust. Siehst du das auch so? Ist dir in der Schule oft langweilig?" Lassen Sie Ihrem Kind dann die Möglichkeit, seine Bedürfnisse und Gefühle in Bezug auf die Schule zu äußern, bevor Sie Ihre eigenen Wünsche klarmachen:

„Mir ist es wichtig, dass du in der Schule gut mitkommst, denn sonst fällt dir das Lernen später vielleicht schwerer. Ich möchte aber, dass du dich damit nicht zu viel plagen musst und auch noch ausreichend Freizeit hast. Was müsste anders sein, damit du in der Schule besser mitmachen kannst?"

Je konkreter die Vorstellungen Ihres Kindes sind, desto genauer können Sie dann darauf eingehen.

Situation 25: Ihr Kind folgt Ihnen nicht

Wenn ein Kind wiederholt Anweisungen ignoriert oder bewusst das genaue Gegenteil tut, ist das ein sehr nachvollziehbarer Grund, wütend und in der Folge auch laut zu werden. Es ist einfach ärgerlich, wenn Sie zehn Minuten lang darauf warten, dass Ihr Kind endlich seine Schuhe anzieht und nichts geschieht. Die Wut, die dann oft aufkommt, hat sehr viel mit unserer Haltung als Eltern zu tun. Im zeitgenössischen Mitteleuropa möchten die meisten Menschen ihre Kinder ohne Zwang und Gewalt erziehen. Das Kind ist grundsätzlich frei, aber es soll doch kooperieren – und genau hier liegt der Knackpunkt: Können wir es als Eltern tolerieren, dass wir eine großzügige und kooperative Einstellung haben, unsere Kinder aber nicht (immer)?

Wenn der Ärger sehr groß ist, weil Sie meinen, alles zehnmal sagen zu müssen, machen Sie sich zuerst bewusst, dass Ihr Kind Sie nicht provozieren will. Vermutlich sind die Spielsachen oder das Buch gerade einfach zu spannend, oder die Lust zum Anziehen verschwindend klein. Es ist neurologisch gesehen sehr schwierig für jüngere Kinder, diszipliniert etwas zu tun, wozu sie gerade nicht motiviert sind. Dann brauchen sie Hilfe dazu. Geben Sie also ruhig eine starke Struktur vor, indem Sie etwa sagen:

„Es ist jetzt Zeit, aufzuräumen. Die Bauklötze, die Tiere und die Eisenbahnschienen müssen in ihre Kisten. Womit möchtest du anfangen?“

Janet Lansbury von RIE® meint, Warten sei der Schlüssel zu einem ruhigen und befriedigenden Familienalltag. [xxxiii] Warten Sie am besten doppelt so lange, wie es Ihr Impuls ist, denn Kinder brauchen oft bis zu zehn Sekunden, bis sie etwas Gehörtes verarbeitet haben. Versuchen Sie auch, Ihr Kind nicht gerade beim Spielen zu unterbrechen. Wenn auch nach mehreren freundlichen Aufforderungen nichts passiert, bieten Sie Ihrem Kind Unterstützung an:

„Es fällt dir gerade schwer, selbst mit dem Aufräumen anzufangen. Ich lege einmal mit der Eisenbahn los. Kannst du mir alle Schienen bringen, die du am Boden finden kannst?“

Hilfe anbieten können Sie auch beim Anziehen, Händewaschen u. Ä.

Da viele Eltern eine unbestimmte Angst davor haben, ihren Kindern zu nahe zu treten, wählen sie lieber den verbalen Weg: Aufforderung, Wiederholung der Aufforderung, Nörgeln, Schimpfen. Es ist aber keineswegs verboten, einem Kind auch tatkräftig zur Seite zu stehen und ihm etwa rasch die Schuhe anzuziehen, wenn es selbst nicht damit weiterkommt, solange die Interaktion sanft und respektvoll bleibt.

Situation 26: Ihr Kind hat etwas Verbotenes getan

Unabhängig davon, ob Sie selbst ein Verbot vorgegeben haben oder ob es sich um gesellschaftliche Verbote oder Gesetze handelt: Es ist immer eine Herausforderung für die Beziehung, wenn sich ein Kind bewusst über eine solche Grenze hinwegsetzt. Die Einhaltung von individuellen Verboten können Sie ab dem Kleinkindalter üben. Sie können dabei gleichzeitig klar machen, dass Sie eine Übertretung nicht einfach tolerieren und dass Fehler trotzdem sein dürfen. Das bedeutet in der Praxis, das „Verbot“ viele Male ruhig und freundlich zu wiederholen und bei jeder Übertretung eine klare Grenze zu setzen. Wichtig ist, dass Ihr Kind Sie als beständig erlebt, dass also Verbote grundsätzlich immer gelten. Bei einer Übertretung sollten Sie ebenso ruhig und offen mit Ihrem Kind sprechen. So vermitteln Sie, dass es Ihnen nicht egal ist, wenn Ihr Kind sich an Verbote nicht hält – aber auch, dass Sie einen guten Grund dafür haben und Ihnen sein Wohl am Herzen liegt:

„Ich habe dir gestern gesagt, dass ich dich nicht auf der Straße Fahrrad fahren lasse. Du warst einverstanden, aber heute bist du doch auf der Straße gefahren. Ich bin durcheinander, denn ich möchte mich auf

dich verlassen. Ich mache mir sonst ständig Sorgen, wenn du alleine unterwegs bist. Mir ist es lieber, du sagst direkt, wenn du dich nicht an eine Vorgabe halten willst, dann können wir darüber sprechen."

Ein wenig anders ist es, wenn Ihr Kind gegen eine wichtige Konvention verstößt oder ein Gesetz bricht. Nicht immer ist sich ein Mensch der Konsequenzen seines Handelns so ganz bewusst, vor allem, wenn er noch sehr jung ist. Versuchen Sie, so sachlich wie möglich mit dem Fehler umzugehen. Vermitteln Sie Ihrem Kind, dass Sie es unterstützen, denn es kann sehr beängstigend sein, wenn man Angst vor einer Strafe oder einer polizeilichen Untersuchung hat. Sagen Sie klar, weshalb seine Handlung falsch war und auch, was Sie als angemessene Lösung sehen.

„Du hast im Supermarkt etwas gestohlen. Du weißt ja, dass das verboten ist. Ich bin gerade sehr besorgt, denn es ist mir wichtig, dass du in Sicherheit bist und keine Schwierigkeiten hast. Es kann sehr unangenehm für dich werden, wenn dich jemand erwischt. Am besten ist es, du bringst zurück, was du mitgenommen hast und sagst, dass du nicht dafür bezahlt hast. Ich begleite dich, wenn du willst."

Ihr Ziel ist im Letzten, dass Ihr Kind auch offen mit seinen Fehlern umgehen und Ihnen davon erzählen kann – davon haben Sie beide am meisten.

Der Umgang mit eigenen Bedürfnissen

Situation 27: Sie wünschen sich Ruhe

Bestimmt können Sie sich an ein Erlebnis mit Ihrem Kind erinnern, in denen sein Energielevel ganz und gar nicht zu Ihrem gepasst hat. Bei vielen Kindern gibt es das berüchtigte Aufdrehen vor dem Schlafengehen, wo Sie als Bezugsperson vielleicht schon wie ein nasser Waschlappen am Sofa hängen. Da Ihr Kind einen anderen Rhythmus hat wie Sie und in den ersten Jahren auch noch tagsüber schläft, ist es natürlich nicht immer müde, wenn Sie es auch sind. Das ist etwas, das ein Kind nicht kontrollieren kann, deshalb ist es gänzlich kontraproduktiv, dabei zu schimpfen. Ist Ihr Kind gerade sehr aktiv und Sie sehnen sich nach Ruhe, gibt es zwei Möglichkeiten, damit umzugehen:

- Sie ermöglichen ihm einen produktiven, freien Umgang mit seiner Energie: Im letzten ist es so, dass überschüssige Energie irgendwie umgewandelt werden muss. Ist Ihr Kind gerade wild, kann es helfen, wenn es sich irgendwo austoben kann, am besten draußen. Wenn Sie sich darüber hinaussehen, nehmen Sie Ihr Kind am besten mit auf einen Spaziergang oder auf den Spielplatz. Auch ein bisschen liebevolles Raufen am Abend kann für hochenergetische Kinder hilfreich sein.
- Sie sorgen für eine ruhige Atmosphäre: Wenn Sie selbst völlig überlastet sind oder wenn Ihr Kind überreizt ist und eigentlich schon im Bett sein sollte, gehen Sie den umgekehrten Weg. Versuchen Sie selbst, so ruhig und leise wie möglich zu sein. Sie können entspannende Musik auflegen, alle Bildschirme

ausschalten, das Licht dämpfen, für einen beruhigenden Duft sorgen und ankündigen:
„Jetzt legen wir eine Ruhephase ein. Ich fühle mich überreizt und wünsche mir ein wenig Stille und Entspannung. Wir können gemeinsam etwas machen: Ein Buch anschauen, ein wenig Musik hören, kuscheln oder uns unterhalten." In den meisten Fällen springt ein Kind nicht sofort auf diese Beruhigungsversuche an. Aber es ist sehr schwierig, in einer ruhigen Atmosphäre auf Dauer laut und wild zu bleiben. Ihre eigene Ruhe wird schneller ansteckend wirken, als Sie vielleicht denken.

Situation 28: Sie wünschen sich eine Pause

Dieses Bedürfnis ist zugleich eines der alltäglichsten und am meisten ignorierten bei Eltern. Im Alltag mit einem Kind, neben Haushalt und womöglich auch noch einem Vollzeitjob, bleibt oft wenig Zeit für Erholung. Viele Betreuungspersonen haben aber das Gefühl, sie könnten einem Kind dieses Bedürfnis nicht zumuten und müssten ständig zur Unterhaltung und Unterstützung präsent sein. Nun kann ein Kind ab etwa zwölf Monaten durchaus damit konfrontiert werden, dass eine anwesende Bezugsperson jetzt etwas anderes tun muss oder eine Pause braucht. Das ist für ein Kind häufig frustrierend, nicht aber schädlich. So können Sie einem Kind praktisch jeden Alters (leicht angepasst bei älteren Kindern) erklären, dass Sie jetzt eine Weile nicht zum Spielen oder Umhertragen verfügbar sind:

„Mein Körper fühlt sich gerade müde an. Ich brauche eine kleine Auszeit. Ich setze mich jetzt eine halbe Stunde (oder: *bis der lange*

Uhrzeiger auf der Drei steht) aufs Sofa und trinke eine Tasse Tee. Du kannst mir Gesellschaft leisten, wenn du möchtest."

Wenn Sie Ihre Bedürfnisse so klar benennen und selbst erfüllen können, zeigen Sie sich als souveränes und liebevolles Vorbild für Ihr Kind. Sie machen ihm klar: „Das ist jetzt mein Bedürfnis, aber es hat nichts mit dir zu tun. Ich bin trotzdem für dich verfügbar und freue mich, wenn du bei mir bist."

Möchte Ihr Kind aber in der genannten Zeit mit Ihnen spielen oder äußert es ein aufschiebbares Bedürfnis (es möchte beispielsweise vor die Tür gehen und sich bewegen), setzen Sie eine klare Grenze. Natürlich kann es passieren, dass Ihre wohlverdiente Pause durch die Tränen und die Frustration Ihres Kleinen unterbrochen wird und Sie stattdessen ko-regulieren müssen. Doch wenn es das oft genug durchgestanden haben, gewöhnt sich ein Kind auch daran, dass eine Bezugsperson Zeit für sich braucht und kann das bald gut akzeptieren.

Situation 29: Sie fühlen sich durch Unordnung oder fehlende Struktur unwohl

In einer Familie und in einem Haushalt für Struktur zu sorgen, ist an sich schon ein Vollzeitjob. Kein Wunder, wenn wir neben allen anderen Anforderungen regelmäßig das Gefühl bekommen, alles würde im Chaos versinken. Je nach Ihren eigenen Bedürfnissen können Sie das entweder gut wegstecken oder aber es belastet und überfordert Sie. Besonders schwierig wird es, wenn Sie das Gefühl haben, alles alleine machen zu müssen. Das muss aber wirklich nicht sein, denn Sie können von einem Kind schon sehr früh ein wenig Mithilfe erwarten. Die meisten Kinder helfen nur mit der richtigen Motivation gerne mit und es braucht deshalb oft viele Aufforderungen, bis Sie beim Ordnung machen u. Ä. Hilfe bekommen. Dabei ist es essenziell, dass Haus- und Organisationsarbeit als etwas Notwendiges, aber auch Schönes bewertet wird. Anstatt zu schimpfen, dass das Wohnzimmer schon wieder aussieht wie ein Schlachtfeld, können Sie etwa sagen:

„Hier liegen echt viele Sachen auf dem Boden herum. Ich würde mich viel wohler fühlen, wenn es ordentlicher wäre, du dich auch? Meinst du, wir können zusammen den Fußboden frei machen, damit wir später zusammen etwas spielen können?“

Es ist gut möglich, dass Sie Ihr Kind auf diese Weise nicht sofort zum Mithelfen animieren können. Entscheidend ist Ihre Haltung: Machen Sie sich und allen anderen klar, dass Sie Mithilfe und Eigenverantwortung erwarten und dass Sie Ihrem Kind auch zutrauen, bestimmte Arbeiten eigenständig zu erledigen.

Womöglich finden Sie auch ohne Mary-Poppins-Fähigkeiten einen Weg, wie Hausarbeit allen Spaß machen kann – indem Sie etwa schwungvolle Musik auflegen oder eine Art Spiel daraus machen. Dass Kinder (und Erwachsene) ungerne für Ordnung sorgen, ist nicht naturgegeben, sondern hat viel mit Assoziationen zu tun. Wer beim Aufräumen unbewusst eine schimpfende Bezugsperson im Hinterkopf hat, für den wird es eine eher unschöne Erfahrung sein. Vermitteln Sie also, so gut Sie können, dass etwa Putzen auch für gute Gefühle sorgen und sogar Spaß machen kann. Ermöglichen

Sie es Ihren Kindern außerdem in jedem Alter, dass sie sich selbst aussuchen können, welche Arbeiten sie übernehmen möchten. Vielleicht findet Ihr Kindergartenkind überraschend Gefallen am Fensterputzen oder Ihren Teenager freut plötzlich das Bügeln.

Situation 30: Sie möchten die Beziehung zu Ihrem Kind verändern

Dieser Wunsch ist wahrscheinlich ein ganz grundlegender, wenn Sie gerade dieses Buch lesen. Dabei kann es sich um kleine oder große Veränderungen handeln, um den Kommunikationsstil oder die Art, wie Sie Zeit miteinander verbringen. Es kann aber auch darum gehen, Ressentiments oder negative Gefühle in Bezug auf das eigene Kind auszuräumen und mit einer neuen Einstellung an die Beziehung heranzugehen. Damit dieser Plan aufgeht, muss Ihnen einerseits klar sein, wie viel Verantwortung für das Gelingen der Beziehung bei Ihnen liegt. Natürlich hängt dieses Gelingen genauso von Ihrem Kind ab, von seinem Temperament, von seiner Reife, von seinen sozialen Fähigkeiten. Aber je jünger Ihr Kind ist, desto weniger dürfen Sie es für etwaige Probleme in der Beziehung oder im gemeinsamen Alltag verantwortlich machen. Auch ein sogenanntes „schwieriges" Kind hat Gründe für sein Verhalten und es hat auch ein Recht darauf, mit diesem seinem „schwierigen" Charakter angenommen zu werden.

Zugleich sollten Sie sich immer vor Augen halten, dass Sie, wie Sigmund Freud es sagte, nicht „Herr im eigenen Haus sind". Sie können nicht frei entscheiden, was Sie empfinden, denken oder tun. Das ist im besten Fall ein beruhigender und entlastender

Gedanke. Es bedeutet nämlich, dass auch Sie von Ihren Genen, Ihren eigenen Beziehungserfahrungen und Ihren aktuellen Umständen beeinflusst sind. Sie können sich damit auseinandersetzen und dazu verhalten, Abstand gewinnen und sich verändern. Aber Sie sind auch nur ein Mensch und der Wunsch zur Veränderung muss ausreichen. Streben Sie nicht nach Perfektion, sondern einfach nach stetigem Wachstum.

Überlegen Sie sich dann konkret, wie die Veränderungen aussehen sollen. „Konkret" bedeutet etwa: *„Ich möchte, dass wir uns mindestens eine halbe Stunde pro Tag unsere ungeteilte Aufmerksamkeit schenken*", anstatt: *„Ich möchte, dass wir mehr Zeit miteinander verbringen.*" Sagen Sie Ihrem Kind, wie wichtig Ihnen die Beziehung ist:

„Im Moment haben wir nicht so viel Gelegenheit, einander nah zu sein. Das macht mich traurig, denn du bist mir so wichtig und ich möchte gerne eine richtig gute Beziehung zu dir haben. Was meinst du, wie können wir besser Zeit miteinander verbringen?"

In diesem Punkt dürfen Sie Ihrem Kind sehr wohl Verantwortung zugestehen: Es darf die Beziehung auf seine Weise mitprägen und klar äußern, was es sich wünscht, damit Ihre Bindung erfüllender und tiefer werden kann.

10 Tipps für ein liebevolles und gewaltfreies Familienleben

Die vorhergehenden 30 fiktiven Situationen aus Ihrem Familienalltag sollen nicht direkt eine Handlungsanweisung sein. Vielmehr sollen Sie Ihnen eine Idee davon vermitteln, wie Sie in solchen und ähnlichen Fällen handeln und kommunizieren *können*. Vielleicht haben Sie sich beim Lesen schon gedacht, dass das Zusammenleben in der Familie oft komplexer und von ganz individuellen Herausforderungen geprägt ist. Diese zehn kurzen und einfachen Tipps sollen Ihnen helfen, wenn Sie mit etwas konfrontiert sind, was im Praxisteil dieses Buches gar nie angesprochen worden ist:

1.) Bleiben Sie zuerst empathisch und liebevoll bei den eigenen Gefühlen, Gedanken, Bedürfnissen und Wünschen. Gehen Sie gelassen und freundlich mit sich selbst um und versuchen Sie immer, die eigenen Bedürfnisse zu erspüren anstatt den Fehler im Außen, in den Umständen oder bei anderen Personen zu suchen.

2.) Wenn Sie diese Haltung gefunden haben, versuchen Sie von hier aus das Verhalten Ihres Kindes zu verstehen und die Bedürfnisse dahinter zu erfassen und zu benennen. Fragen Sie nach, zeigen Sie Interesse und aufrichtiges Verständnis.

3.) Kommunizieren Sie mit Ihrem Kind, wo immer es möglich ist. Greifen Sie mit Bedacht und Respekt in die Situation ein, wenn Sie auf der Gesprächsebene nicht weiterkommen oder Ihr Kind, sich selbst oder andere schützen möchten.

4.) Wenn Sie in die Situation eingreifen, versuchen Sie zuerst die Umgebung zu verändern, bevor Sie Ihr Kind manipulieren oder einschränken. Lassen Sie ihm so viel körperliche Freiheit wie möglich und ziehen Sie Grenzen, indem Sie den eigenen Körper als Barriere einsetzen.

5.) Akzeptieren Sie, dass Ihr Kind ein eigenständiger Mensch ist und auch auf eine Weise handeln kann, die Ihnen nicht gefällt. Machen Sie Ihre Liebe nicht davon abhängig, dass Ihr Kind tut, was Sie von ihm möchten.

6.) Haben Sie keine Angst vor Konsequenz! Sie müssen es nicht hinnehmen, wenn Ihr Kind sich aggressiv oder destruktiv verhält und Sie müssen auch nicht darauf warten, dass es von selbst damit aufhört. Wenn eine Situation untragbar ist, dürfen Sie sie auf bestimmte und liebevolle Weise verändern oder beenden.

7.) Haben Sie keine Angst vor Inkonsequenz! Wenn Sie merken, dass Sie Ihr Kind falsch verstanden oder falsch eingeschätzt haben, wenn die Folgen Ihres Handelns nicht Ihren Werten entsprechen, dürfen Sie zurückrudern. Schwierige Situationen erfordern manchmal Ausnahmeregeln. Sie dürfen Fehler machen und offen damit umgehen, wenn Sie Ihre Meinung zu etwas geändert haben.

8.) Setzen Sie Macht auf eine Weise ein, die der Beziehung nicht schadet. Wenn Sie Grenzen setzen, tun Sie das auf ruhige und freundliche Weise. Und wenn Ihnen doch ein unfreundliches

Wort über die Lippen kommt, gehen Sie sogleich wieder in Beziehung und machen Sie Ihrem Kind klar, dass Sie es in dieser schwierigen Situation trotzdem sehr lieben.

9.) Bleiben Sie mit Ihrem eigenen inneren Kind verbunden. Machen Sie sich häufig bewusst, was Sie im Alter Ihres Kindes brauchten, dachten und fühlten. Erzählen Sie gerne auch von diesem Kind, das Sie einmal waren, das wird Ihrer gegenseitigen Verbundenheit guttun.

10.) Seien Sie sich stets der Gründe für Grenzen, Regeln und Wünsche bewusst. Erklären Sie, weshalb Sie etwas möchten oder nicht möchten, wieso etwas für Ihr Kind oder andere besser oder schlechter ist. Wenn Sie selbst nicht wissen, wieso Ihnen etwas auf die Nerven geht oder besonders wichtig ist, versuchen Sie den Grund dafür herauszufinden.

Ganz zum Schluss: Vergessen Sie die Perfektion!

Wenn Sie sich nun aufmachen und nach einem Weg suchen, gewaltfrei und ganz ohne Schimpfen mit Ihrem Kind zu kommunizieren, seien Sie nicht zu streng mit sich – denn auch Ihr Kind ist nicht allzu streng mit Ihnen. Es hat Ihnen schon einige Dinge verziehen und wird Ihnen auch in Zukunft noch vieles verzeihen, denn Sie sind einer der wichtigsten Menschen in seinem Leben. Streben Sie vor allem nicht nach Perfektion, denn das wäre schrecklich für Ihr unperfektes und trotzdem wundervolles Kind. Philippa Perry, die so viele wertvolle Ratschläge in Ihrem „Buch, von dem du dir wünschst, deine Eltern hätten es gelesen" versammelt hat, rät zu Folgendem: Wenn Sie merken, dass Sie ins Schimpfen kommen, einen respektlosen Ton angeschlagen oder Ihr Kind verletzt haben, seien Sie stolz auf Ihre Intuition! Sie haben rechtzeitig gemerkt, dass Sie auf der falschen Spur sind und fühlen, dass es eine bessere Alternative gibt.

In diesem Moment können Sie schon innehalten und sagen: „*Das möchte ich eigentlich ganz anders sagen. Entschuldige, kann ich noch einmal von vorne anfangen?*"

Sich vor dem eigenen Kind eine Schwäche einzugestehen ist schwierig, ganz klar. Das sieht nämlich fast so aus, als würde man die eigene Autorität einbüßen. Aber Erziehung ist nur in lebensfernen Geschichten ein Machtkampf. In Wirklichkeit haben Eltern bei Ihren Kindern von Natur aus viel mehr Autorität als es den Anschein hat. Die seelische Verbindung zwischen Ihnen ist so eng, dass es eine jahrelange intensive Phase der Ablösung braucht, und zwar die Pubertät, damit das Kind ein eigenständiger Mensch werden kann. Haben Sie also keine Angst vor einem Gesichtsverlust!

Einen Fehler zu erkennen, zuzugeben und ihn wiedergutmachen zu wollen ist so ein „thrive"-Moment nach Daniel J. Siegel: Aus einer chaotischen Situation voller Spannung und Konfliktpotenzial kann ein Ereignis werden, in dem die Menschlichkeit, die Sie mit Ihrem Kind teilen, ganz offenbar wird. Vielleicht schaffen Sie beide es sogar, ein wenig über den Konflikt zu lachen oder es wird Ihnen einfach bewusst: Diese Beziehung bleibt bestehen, egal wie viele Fehler wir beide machen.

Wenn Sie fair und liebevoll mit sich selbst umgehen, können Sie außerdem die negative Spirale aus Selbstvorwürfen, Hilflosigkeit, Wut, unbedachter Kommunikation und neuen Selbstvorwürfen durchbrechen. Mit positiven Affirmationen im richtigen Moment können Sie sich selbst ein wenig austricksen. Solche Affirmationen sind etwa:

- Ich habe gemerkt, dass ich einen Fehler gemacht habe und habe mich unterbrochen. Ich bin auf einem guten Weg.
- Ich bin mir dessen bewusst, was mein Kind und ich brauchen.
- Ich habe mich gleich nach dem Schimpfen entschuldigt und unsere Beziehung gestärkt. Es ist nichts passiert!

Wir neigen als Menschen gerne dazu, bei gelegentlichen Fehlern gleich die Flinte ins Korn zu werfen und zu sagen: „Das kann ich nicht!". Besonders wenn wir uns gerade neue Gewohnheiten aneignen, sind wir sehr intolerant mit uns selbst, wenn wir wider besseres Wissen in den alten Trott zurückfallen. Aber es gibt leider keinen einfacheren Weg – also: Versuchen Sie es wieder und immer wieder, feiern Sie kleine Erfolge und freuen Sie sich darüber. Und vor allem: Legen Sie immer „in diesem Moment" los und nicht morgen oder nächste Woche. Seien Sie präsent und hellwach und machen Sie sich bewusst: Jetzt ist die beste Gelegenheit, die Beziehung zu meinem Kind zu verändern.

Noch eine Bitte in eigener Sache:

Wenn Sie Anmerkungen oder Verbesserungsvorschläge zu diesem Buch haben, freuen wir uns über eine Mail an kontakt@content-creator-verlag.de. Durch Ihre Hilfe können wir kommende Auflagen noch besser gestalten. Außerdem würden wir uns sehr über eine positive Rezension bei Amazon freuen.

CONTENT CREATOR Verlag

Quellen

- [i] Vgl. Ariès, Philippe: *Die Geschichte der Kindheit.* München, 1992, S. 559
- [ii] Siegel, Daniel J./Bryson, Tina Payne: *The Whole-Brain Child. 12 Revolutionary Strategies to Nurture Your Child's Developing Mind.* New York/2011, S. 7
- [iii] Ebd., S. 9
- [iv] Vgl. Rosenberg, Marshall B.: *Gewaltfreie Kommunikation. Aufrichtig und einfühlsam miteinander sprechen.* Paderborn/2003, S. 18
- [v] Ebd., S. 19
- [vi] Ebd., S. 18
- [vii] Ebd., S. 31-38
- [viii] Rosenberg, Marshall B.: *Raising Children Compassionately. Parenting the Nonviolent Communication Way.* Encinitas/2005, S. 1f.
- [ix] Ebd., S. 6
- [x] Vgl. Rosenberg, Marshall B.: *Speak Peace in a World of Conflict. What You Say Next Will Change Your World.* Encinitas/2005, S. 14
- [xi] Vgl. Thorne, Brian: Carl Rogers. Key Figures in Counselling and Psychotherapy series. London u.a./2003, S. 24f.
- [xii] Ebd., S. 27
- [xiii] Vgl. Little, Marion: Total Honesty/Total Heart. Fostering empathy development and conflict reduction skills: A violence prevention strategy. Masterarbeit, University of Victoria/2008, S. 26
- [xiv] Ebd., S. 22

- [xv] Rosenberg, Marshall B.: *Raising Children Compassionately*, S. 2
- [xvi] Vgl. Lansbury, Janet: *Elevating Child Care. A Guide to Respectful Parenting*. North Charleston/2014, S. 15
- [xvii] Ebd., S. 18
- [xviii] Vgl. *The Whole-Brain Child*, S. 47
- [xix] *Raising Children Compassionately*, S. 13
- [xx] Vgl. *The Whole-Brain Child*, S. 43f.
- [xxi] Ebd.
- [xxii] *Elevating Child Care*, S. 21
- [xxiii] Perry, Philippa: *The Book You Wish Your Parents Had Read (and Your Children Will Be Glad That You Did)*. London/2020, S. 24f.
- [xxiv] *Raising Children Compassionately*, S. 8
- [xxv] Nach Philippa Perry, *The Book You Wish Your Parents Had Read*, S. 25
- [xxvi] *Gewaltfreie Kommunikation. Aufrichtig und einfühlsam miteinander sprechen*, S. 138
- [xxvii] Ebd., S. 144
- [xxviii] Vgl. *Elevating Child Care*, S. 21f.
- [xxix] Es gibt spezielle Zahnbürsten mit einem Schutzring, damit das Kind sich die Bürste nicht zu tief in den Gaumen rammen kann.
- [xxx] *Elevating Child Care*, S. 27
- [xxxi] *Gewaltfreie Kommunikation. Aufrichtig und einfühlsam miteinander sprechen*, S. 155
- [xxxii] Ebd., S. 156
- [xxxiii] *Elevating Child Care*, S. 52-54

Printed in Poland
by Amazon Fulfillment
Poland Sp. z o.o., Wrocław

16167461R00096